患者のための図書館学
医療・健康情報リテラシーを鍛える

山口直比古

えにし書房

はじめに

　イギリスは日本とは医療の制度が違います。NHS（国民保健サービス）という制度では、基本的に医療費は無料で、福祉国家のモデルともいわれてきました。しかし最近、病院にかかることのできない患者が増え、数か月に及ぶ診療待ちが起こっていると報道されています。医師や看護師など医療関係者の数が、日常診療に追い付いていない、ということです。

　一方日本では病院で診療を受ければお金はかかりますが、医療保険制度があるおかげで、医療費の全額ではなく何割かの負担で済んでいます。医師の数も 34 万人、看護師は 128 万人と決して少ないわけではありません。体調が悪い時にはすぐに病院へ行き、診療を受けることのできる環境が整っています。もちろん、医師数の少ない地方では少し難しい時もあるかもしれません。また様々な制度的な問題や医療費の問題も抱えてはいますが、患者が病院へかかる環境は整っているのではないでしょうか。

　病院では医師が患者に、病気や治療について説明します。しかしこの説明はわかりやすいものとはかぎりません。もう少し詳しく知りたいと思ってもしつこく尋ねるのも気がひけますので、何となく「わかりました」という表情で帰るというのが一般的なのではないでしょうか。

　こうした時に必要なのが、正確で自分に合った適切な「情報」です。もちろん医師からの説明が一番なのですが、さらに自分で「情報」を探すことができたらなお深く理解できるかもしれません。

　「情報」を手に入れる方法はいくつもあります。今ですと、インターネットにある情報を調べるという方法が手軽でよく利用されています。スマートフォンに病気の名前などを書き込んで検索すると、たくさんの「情報」が出てきます。実はここにはちょっとした落とし穴もあります。病気の情報ばかりではなく、健康を維持するための運動や食事、サプリメントなどの情報にも、同じように落とし穴がたくさんあります。どのような落とし穴があるの

かを知っておくことは、自分に合った情報を見つけて利用するためには大切なことです。間違った情報や、嘘の情報を見抜く力を鍛える、ということです。

　私は長い間大学の医学部図書館や、患者と接する患者図書室で医学図書館員として仕事をしてきましたので、医師や患者がどのような時にどのような情報を必要とするのかを知ることのできる立場にいました。医学図書館員とは、医学分野の専門的な知識に基づいて情報提供サービスを行うことのできる図書館員をいいます。他にも専門性の高い分野に特化した情報サービスを行う図書館員はたくさんいます。法律や特許、音楽などにおける情報サービスでも高い専門性が求められます。

　本書では、そうした経験の中から、患者という立場で自分や家族の病気について知りたい、調べたいと思った時に、ちょっと深い情報の調べ方をいくつかの角度から紹介したいと思います。

　序章は、「患者」という立場と「医師」という立場の関係が変化してきている、という話なのですが、これは少し概論的な話になりますのでいったんとばして、第1章から読んでいただいても結構です。第1章は情報リテラシーの話ですので、さらに具体的には第2章の図書館の使い方から読み始めていただいても結構です。

　また、ここでいう「患者」は患者本人ばかりではなく家族や友人、さらには一般市民を含む広い意味で使っています。同じように「医師」は医療従事者全体を指し、医師、看護師、薬剤師、検査技師、リハビリテーション技師など広い分野で医療を提供する人々の全体を含んでいます。

患者のための図書館学◇目次◇

はじめに ———————————————————— 3

序章　医療における患者の立場は変化してきている ———— 9

1　人は病気になる……9

2　情報の非対称性と父権主義……10

3　患者の知る権利……12

4　日本でも制度としてのインフォームド・コンセントが設けられる……13

5　シェアード・デシジョン・メイキング……14

6　医師―患者間のコミュニケーション……16

7　アドバンス・ケア・プランニング（人生会議）……18

8　医師との対話へ向けてのガイド……19

第1章　健康情報リテラシー ———————————— 21

1　情報リテラシー……21

2　健康情報リテラシー……23

3　健康情報を評価するポイント……26

4　新型コロナウイルス感染症が健康情報リテラシーの大切さを教えてくれた……28

5　政策としての健康情報リテラシー……30

6　患者・市民はどのような情報をどのような方法で入手したいと願っているのか……33

第2章　情報を得る場所としての図書館 ——————— 37

1　公共図書館……38

1.1　医学の本は公共図書館のどこにあるのか（分類の話）　38

1.2　課題解決型のサービスとしての医療・健康情報提供　39

1.3　本を選ぶのは難しい（正しい医療・健康の本とは）　42

1.4　日本図書館協会と日本医学図書館協会　45

2　患者図書室……46

　　2.1　患者図書室ってなあに？　46

　　2.2　患者図書室とはどのような役割を持つものなのか　47

　　2.3　患者図書室の現在　50

3　大学図書館……53

　　3.1　大学図書館って敷居が高いよね！　いや、ちょっと待って！　53

　　3.2　大学医学部図書館は利用できるの？　56

　　3.3　大学図書館へ行かなくとも情報が得られる──相互協力のネットワーク　58

　　3.4　大学図書館ではコピーは自由にとれるのか？　59

　　3.5　公共図書館と大学図書館の地域連携　61

第3章　図書館へ行かなくとも探せる情報　インターネットで検索する ── 67

1　インターネット上にある情報の特徴……68

2　医学用語──検索する前に知っておきたい医学の言葉の仕組み……70

3　インターネットで検索──検索する前に知っておきたい情報検索の仕組み……78

　　3.1　2つ以上のキーワードで検索するには　80

　　3.2　信頼のおけるサイトを選ぶ──絞り込み　82

4　お勧めは Google Scholar──論文を読む……85

第4章　図書館へ行かなくとも探せる情報　文献データベース ─── 89

1　医学論文と文献データベース……91

　　1.1　CiNii Research（サイニーリサーチ）　91

　　1.2　国立国会図書館サーチ　93

　　1.3　J-STAGE　94

　　1.4　PubMed　95

　　1.5　医中誌 Web　97

2　ディスカバリーサーチ……99

第5章　インターネットにある辞書　ウィキペディアを中心に ── 101

1 ウィキペディア（Wikipedia）…… 101

  1.1 ウィキペディアの成り立ち──誰がつくっているのか　102

  1.2 ウィキペディアは使えるか？　104

  1.3 医学・健康分野でも　107

2 MSD マニュアル家庭版…… 109

3 ライフサイエンス辞書…… 110

4 がん情報サービス…… 111

5 多くの辞典をまとめて調べる　コトバンクとジャパンナレッジ…… 112

第6章　インターネット上の健康情報サイト ──────────── 117

1 健康情報サイトに必要なこと──信頼のおけるサイトの条件…… 117

  1.1 e ヘルス倫理コード　117

  1.2 HON コード　119

2 健康情報サイトとしての YouTube…… 119

3 MEDLINE Plus（メドラインプラス）…… 123

4 ディペックス・ジャパン　患者の語り（闘病記）…… 124

5 その他の医療・健康情報サイト…… 125

  5.1 キャンサーネットジャパン　126

  5.2 健康を決める力　127

  5.3 ささえあい医療人権センター COML（コムル）　127

  5.4 マギーズ東京　127

  5.5 医療・健康情報リスト／患者図書室おススメ資料紹介（日本医学図書館協会）　128

第7章　やっぱり図書館へ行こう──レファレンス・サービス ────── 135

1 レファレンス・サービスとはどのようなサービスなのか…… 136

2 レファレンス・サービスでは何を情報源として使うのか…… 137

3 文献調査（文献検索）の実際…… 140

4　レファレンス協同データベース……143

　5　レファレンス・ライブラリアンによく似た仕事「リサーチャー」……144

　6　レファレンス・サービスでできることとできないこと……146

コラム1　診療ガイドライン……64

コラム2　SNSの医療・健康情報……114

コラム3　マスメディアの医療・健康情報……130

おわりに　図書館員の専門性を確立するための利用者の力 ─────── 151

付録　おすすめ医療・健康情報サイト（東京版）────────── 154

索引 ──────────────────────── 168

序章　医療における患者の立場は変化してきている

　長い間、人は病気になった時には病院へ行き、医師の診断や治療を受ける立場でした。多くの場合、医師の言う通りの治療を受け、それでよしとされてきました。受け身の立場だったのです。しかし、医療の現場における患者の立場は次第に変化してきました。

　このことは、いくつかのキーワードで表現することができます。登場した順に言いますと、まず「父権主義：パターナリズム」、「患者の知る権利」、「インフォームド・コンセント」、「シェアード・デシジョン・メイキング」、そしてその背景にある「健康情報リテラシー」などの言葉です。これらの言葉で表されるように、患者と医師の立場は時代とともに変化してきています。まずこうした事柄を振り返って、現在の患者の立場について考えてみます。

1　人は病気になる

　人は誰でも病気になります。若くても、年老いてからでも、大事な仕事を抱えている時にでも、人は病気にかかることがあります。その時あなたは病院へ行き、医師や看護師などの医療関係者と話をすることになります。頭が痛いとか、おなかが痛いとか自分の状態を説明します。この時、自分の状態を上手く説明するのは大変に難しいこともあります。痛み一つとっても、シクシク痛い、とかズッシリする、とか場合によっては体のどこに痛みを感じているのかを上手く説明できないこともあります。

　しかし、経験を積んだ医師は、患者が自分の状態を上手く説明できないことをよく知っていますので、どんなふうに痛みますか、と尋ねてきます。これを「問診」（アンケートのように質問に対する答えを聞いて診断の助けにします）といいます。

　次に、お腹のあちらこちらを触って、「ここが痛いですか？」とか「ここ

9

はどうですか？」と尋ねます。これを「触診」（つまり触って診断の助けにします）といいます。

　さらに聴診器を胸や背中にあてて、体の中の音を聞きます。心臓や肺の音を聞いて、その動きに変わったところはないだろうか、と聞き耳を立てます。これを「聴診」（つまり体の中の音を聞いて診断の助けにします）といいます。熱があるようでしたら体温も計りますし、場合によっては血圧も計ります。これくらいで診断のつくことも多くあります。「風邪ですね。薬を出しておきますので2〜3日ゆっくり休んでください」で終わることもあります。

　場合によってはもう少し突っ込んで聞かれることもあります。例えば、「今病院にかかっていますか？」とか「何かお薬を飲んでいますか？」とか、「これまでに大きな手術をしたり、輸血をされたことがありますか？」などです。これを「既往歴」（つまりこれまでにかかった病気や現在治療中の病気についての情報）といいます。さらに、「ご家族に血圧の高い方はいらっしゃいますか？」とか「家族や親せきに癌になったことのある方はいらっしゃいますか？」なども聞かれることがあります。これを「家族歴」（つまり遺伝とか家系とかで特徴的な要因はないかなどの情報）といいます。

　これらの質問の結果から、必要に応じて「血液検査」や「尿検査」、場合によっては「画像検査」へと進みます。ここではまだ自分の病気が何であるのかはわかりません。「確定診断」（最終的な診断）へ進むにはもう少し診断のための材料が必要です。「画像診断」にも様々な種類があり、必要に応じて使い分けます。この先は省略しますが、自分がどんな病気にかかったのかがわかるにはもう少し時間がかかりそうです。

　そして、多くの慎重に進められた検査の結果、ようやくあなたの「病気」が何なのかがわかります。ここから、「病気」との（長いかも知れない）お付き合いがはじまります。

　その時、あなたの強い味方になってくれるのが「情報」なのです。

2　情報の非対称性と父権主義

　医師や看護師などの医療専門職は、「専門職」という名前にふさわしい勉

強と資格試験（国家試験）を乗り越えてきた人たちです。こうした経験を積んできた専門家と、患者の最も大きな違いは「情報量」です。このことを「情報の非対称性」という、ちょっと難しい言葉で表現します。

非対称性という言葉は、元々経済学で用いられている用語で、市場における取引者間での情報に格差が生じている事実を表現したものです。利益を求める資本主義社会では、利益を生むための手段の一つでもあったのです。この理論で、コロンビア大学のスティグリッツ氏など3人が、2001年にノーベル経済学賞を受賞しています。

医学・医療の分野でも、治療する側である医師と患者である市民との間に、病気や治療に関する情報の量や質に差があり、そのことが患者の自己決定や医療への参加の障壁となっている現状が「非対称性」という言葉で表現されるようになりました。とりわけ日本においては、父権主義（パターナリズム）と呼ばれる、医療者主導型の医療が伝統的に存在していたこともあり、患者は自分の病気や治療について知る機会が少なく、それを受け入れてきたという経緯もあります。そのため、情報の非対称性を完全に取り除くことは難しいとされています。

「父権主義」という言葉は、元々力のある者が下にいる人々を思い通りに支配する、というような悪い意味ばかりではなく、力のある者が力のない者を保護する、という意味合いもありました。医学の世界に落とし込んでみるなら、病気の治療については医師である私が患者であるあなたを、できるだけ良い方法で治療しますので、どうぞ任せてください、というような意味合いがありました。辞書的にも広辞苑には「温情主義」という意味も紹介されています。「父親的温情主義」ともいわれています。このことが、良くも悪くも医師の言うことを黙って聞き、指示に従う、という医療が長く行われてきた理由です。

しかし、その弊害も指摘されています。医師の側に、患者の知りえない知識がある場合、医師の行動が患者本位ではなく道徳心に欠ける行為となり、倫理崩壊へ陥るモラルハザードが生じる可能性がある、ということです。

こうした中で、「父権主義」から「平等主義」へ（あるいは「権威主義」から「民主主義」へ）と、患者が主役となる時代へ進んでいくのですが、そ

こに登場した新しい考え方が「患者の知る権利」です。

3　患者の知る権利

　患者の知る権利を保障する社会的な運動は、1960 年代後半の米国における様々な社会運動に端を発しています。この頃アメリカでは、1963 年にアフリカ系アメリカ人（その頃は「ニグロ」と呼ばれていました）の権利を求めた公民権運動が大きなうねりとなり、ワシントン大行進が行われました。この時のリーダーだったキング牧師が 1968 年に暗殺されたのも大きな衝撃でした。1964 年のトンキン湾事件を契機にアメリカはベトナム戦争へ突入し、若者を中心とした大きな反戦運動が起こり、一方で工業化による大気汚染が大きな問題となっていました。レーチェル・カーソンの、農薬による土壌汚染を警告した『沈黙の春』が発表されたのも 1962 年のことでした。公害問題は人々の健康に大きな影響を与え、企業の利益と人々の健康のどちらを選ぶのか、が問われました。

　こうした市民運動の中でも人々の健康に関わる部分は、アメリカでは「消費者健康情報サービス」と呼ばれました。消費者健康情報サービスは、医療・医学の専門家のためではなく、一般の市民（消費者）に対して提供される医療・健康情報サービスのことをいいます。消費者自らが健康・医療に関する情報や知識を得ることによって、医療の選択肢を増やし、健康を維持するために役立つ情報を手に入れることが一番の目的でしたが、実際には健康維持のための情報だけにとどまらず、医療や医学に関する情報の提供も含まれていました。

　こうした一連の運動に呼応するように、1973 年に米国病院協会により「患者の権利章典」が公表されたのです。[1] 12 項目からなる宣言の中の 2 番目として「患者は、自分の診断・治療・予後について完全な新しい情報を、自分に充分理解できる言葉で伝えられる権利がある」と宣言しています。また 3 番目では「患者は、何かの処置や治療を始める前に、インフォームド・コンセントを与えるのに必要な情報を医者から受け取る権利がある」と記されています。ここでは「インフォームド・コンセント」という言葉が使われてい

12

ます。同様に、1981 年の患者の権利に関する世界医師会リスボン宣言にお
いても、患者の良質な医療を受ける権利とともに、知る権利と自己決定の権
利が保障されるべきであると宣言しています。[2]

4　日本でも制度としてのインフォームド・コンセントが設けられる

　日本においても 2007 年の第 5 次医療法改正の際に、第 2 章「医療に関す
る選択肢の支援等」の第 1 節として「医療に関わる情報の提供等」が新設
されました。具体的には第 1 条 4 項の 2 で「医師・歯科医師・薬剤師・看
護師その他の医療の担い手は、医療を提供するに当たり、適切な説明を行い、
医療を受ける者の理解を得るよう努めなければならない」とし、さらに第 6
条第 2 項の 2 に「医療提供施設の開設者及び管理者は、医療を受ける者が
保健医療サービスの選択を適切に行うことができるように、当該医療提供施
設の提供する医療について、正確かつ適切な情報を提供するとともに、患者
又はその家族からの相談に適切に応ずるよう努めなければならない」と規定
されました。ここでは、インフォームド・コンセントという言葉こそ使用さ
れてはいませんが、医師から患者への説明が義務づけられたといってもいい
でしょう。

　インフォームド・コンセントという言葉は、1990 年に日本医師会生命倫
理懇談会により「説明と同意」と日本語に翻訳されました（しかし、この日
本語訳はなじまず、現在でも英語のインフォームド・コンセントという言葉が
多く使われています）。医師側の説明責任が示されると同時に、患者の側の
同意も同等に並べられたのです。

　例えば、この頃はまだ患者への「がん告知」は一般的ではなく、病気につ
いての説明は家族までしか行われないのが普通でした。ですから、この医療
法改正は、医療者にとっても大きなものであったと思います。患者や家族は
小さな会議室に呼ばれ、現在の病気の状態や治療の方法などについて説明を
受けます。しかし、これはあくまでも医療者の立場からの説明義務であって、
必ずしも患者の視点に立ってのものではありませんでした。説明には多くの
医学専門用語が使われ、患者が理解することは難しいかもしれません。患者

の側から質問するためにも、病気についての知識（情報）が必要です。また、医師の側でも、説明を受ける患者の抱えている問題点については理解が及ばないことも多いでしょう。しかし、理解が及ばなくても治療の「同意書」にサインせざるを得ない患者も多いでしょう。

インフォームド・コンセントの考え方を医療法の改正に含めるにあたっては「患者側に制度設計の参画機会を提供する必要性がある」という指摘もありました。しかし新たに制度設計を行うには、経済的な側面を含む政策的な課題もあり、シンプルに患者の視点に立ったわかりやすい説明ということであるならば、医療者の努力義務の範囲内ということになるかもしれません。いずれにしろ、医療者の説明義務は明確になりました。

インフォームド・コンセントと同時に、セカンド・オピニオンという言葉も知られるようになってきました。その名の通り「2番目の意見」ということなのですが、2番目の意見を述べるのは、1番目の意見を述べた医師とは別の医師です。最初の病院で診察を受け、医師の説明を受けますが、どうしても納得することのできない場合があります。治療の方法などでは、勧められた方法とは別の治療方法はないのだろうかと考えるのは普通のことです。そのような時には病院を変える、という選択肢が患者の側にはあります。別の病院へ行き、改めて診察を受け、医師の説明を受けます。これをセカンド・オピニオンといいます。このようにいくつも病院を変えることを「ドクター・ショッピング」と呼び、揶揄する言葉も耳にしますが、自分の納得がゆくまでいくつかの病院を訪ねることは悪いことではありません。その際には、最初の病院は別の病院への紹介状を書いたり、レントゲン写真などの診察データを患者へ提供してくれます。ですから、別の病院へかかることを最初の医師へ伝えることも大切になります。

次に問題となったのが、患者の「自己決定」です。医師の説明を受けた患者は、治療法などを自分で決める立場に立ったのです。

5　シェアード・デシジョン・メイキング

インフォームド・コンセントと並んで、この言葉も適切な日本語が見当た

らずに、英語のままで使われることが多くなっています。英語のままで考えるなら、シェアは食べ物をシェアするという意味で使われるなど、何人かで分け合うことです。デシジョンは判断すること、メイキングは作るという意味、つまりそれらを行うこと、ということになります。医師と患者が、診療（診断と治療）についての情報を共有し、どのような治療をするのかを一緒に考えて決める、というような意味合いです。無理やり日本語にするなら、協働的意思決定とか共有意思決定、さらにわかりやすく患者参加型医療、というような言葉になります。どれも意味的には正しいのですが、今一つわかりにくさが残ってしまいます。

　本書第6章5.3で紹介している「ささえあい医療人権センターCOML」の理事長山口育子氏は、2024年6月26日の朝日新聞「変わる医療現場　患者側も理解して」という記事の中で、「『シェアード・デシジョン・メイキング（患者と医療従事者とが、協働して意思決定すること）』という言葉が近年、言われています。私は『寄り添う医療』と呼んでいます。それは患者と医療従事者が互いにリスペクトし合い、信頼関係を構築することで成り立つと思っています」と述べています。この説明はとても良い説明であると思います。

　シェアード・デシジョン・メイキングという考え方が世界に広がってきた背景には、エビデンス・ベースト・メディシン（EBM：科学的根拠に基づく医療）の広がりがあります。ここではその中身について詳しくは触れませんが、大きく4つの概念が組み合わされたもので、「現在得られる最良の根拠（臨床研究の結果など量的なデータに基づく要因）」、「専門的な臨床技能（医療者の経験などに基づく質的な要因）」などと同列に「患者の価値観（患者の内的な要因）」、「患者のおかれた状況（患者の重症度や合併症などの臨床的な外的要因）」が挙げられています。1990年代の初めに提唱されて以来、世界の医療を変えてきました。コラムで紹介する「診療ガイドライン」の多くは、このEBMの手法に則って作られています。こうした考え方の元で、「患者」が医療の主役であることが認識されてゆくのです。特に4番目に挙げられている「患者のおかれた状況」では、必ずしもその時点での最も治療効果の期待できる治療方法ではなくとも、患者の「考え方」がより重要視されるのです。「患者の価値観」を考慮すると、病院での治療ではなく在宅での医

療を選択したり、場合によっては「治療をしない」という選択肢もあり得ます。科学的根拠は患者の意思決定のための重要な要素の一つではあるけれども、場合によっては「患者の価値観」の方がより重視される場合もあるのです。こうした「意思決定」に至るためには、医師が患者と深くコミュニケーションする必要があります。このあたりが、医師の側からの説明に対して、患者の側が同意するというインフォームド・コンセントとは大きく異なり、両者の合意が形成されるところまでを見渡しているのです。シェアード・デシジョン・メイキングは、父権主義と消費者主義の対立的な関係を解き、患者と医療者の協働と問題解決をめざす新たな調和的アプローチであるということができます。[3]

　こうしたことにより得られる患者側のメリットとして、「治療への参加意識が強まり治療がより効果的になる可能性がある」、「患者の権利を法的に保護することができる」、「患者の自律性を尊重できる」、「患者の自尊心を尊重できる」などを挙げることができます。患者は「自立し主体的に医療に参加する」ことができるようになるのです。そのためには、医療の現場での医療者と患者の間のコミュニケーションが成立している必要があります。

　2021年3月総務省の主導で、国内の専門家が集まり「患者の望みを支える『患者主体の医療』実現のための研究会　報告書〜医療従事者と患者の共有意思決定が成り立つ社会の実現に向けて〜」と題した報告書が作成されました。[4] そこでは5つの提言が示され、「患者に寄り添う人材の育成」と同時に、「シェアード・デシジョン・メイキングの導入推進策の制度化」が挙げられています。

6　医師—患者間のコミュニケーション

　父権主義の時代から現在においても、患者が医師に対して質問したり、自分の考えを述べることは大変に失礼であると思われてきたことは、皆さんはよくご存じではないでしょうか。医師は「専門家」として尊敬され、常に自分（患者）にとって正しい判断をしてくれるので、その指示に従うことが自分にとっても良いことである、と思うからです。しかし、実際の医療現場は

どうでしょうか。信じられないほどの忙しい日常診療を行っている現場では、3時間待ちの3分診療といわれるような短時間の診察はごく当たり前の風景でした。医師は電子カルテに診療内容や処方を書き込むために患者の方を見ない、ということもよくいわれていました。

　しかし、そうした風景はすでに時代遅れになっています。今は、患者は医師と「話をする」時代になってきているのです。よくいわれるのは、医師は「疾患：Disease」を見て「病気：Illness」を見ていない、ということです。どちらも病気を表す言葉なのですが、医師が見ているのは生物学的な変異（癌ができている、とか血圧が高いとか）であって、患者が今経験し感じている状態（仕事が忙しいので今は入院はしたくない、とか高価な薬は経済的に無理だとか）ではない、ということです。

　こうしたことに対する反省があります。それを促したのが EBM であるといわれています。EBM の考え方の一つに「益と害」というものがあります。この患者にこのような治療をしたら、こういう「益」もあるけれどこんな「害」もあるので、この両者のバランスを判断基準の一つにする、というものです。つまり、医師の考える「正しい」医療よりは、より患者にとって「益」となる治療法を探り、できるだけ「害」を減らす方法を考える、というものです。多くの治療には「副作用」というものがあります。特に癌の治療では、髪の毛が抜けたり、全身の倦怠感が強く出たりすることがしばしばあります。強い副作用がある場合には、患者の苦痛を緩和（軽くすること）するために治療の中断なども含めて検討されます。

　医師の患者に対する「共感」が治療効果を高める、という研究もあります。腰痛を抱える 1470 人の患者に、医師の患者への接し方態度や、腰の痛みの強さなどをある評価尺度で調査を行い、共感的な医師による治療を受けた患者の方が、そうではない医師に比べて痛みや体の機能、生活の質などが改善した、というものです。この研究では、結論として「共感は患者中心のケアを提供する上で、患者と医師の関係に不可欠な要素である」としています。共感（Empathy）という言葉は、日本では看護の現場などでは耳にすることもありますが、同情（Sympathy）とは微妙に異なる患者への接し方ということになりそうです。

7　アドバンス・ケア・プランニング（人生会議）

　患者と医師（医療関係者）との間のコミュニケーションの大切さは、次第に世間から認められるようになってきています。医師からの説明ばかりではなく、患者の意思が重要視されるようになってきているからです。それは、診断や治療という即時的な場面ばかりではなく、常日頃からのコミュニケーション（話し合い）へと広がってきています。

　話し合いへ参加するのは、患者ばかりではなくその家族、場合によっては友人や信頼できる人たちへと広がりをみせてきています。一方の医師の側も、医師、看護師などの医療チームで参加し、そこには医療ソーシャルワーカーなどの福祉関係者や介護関係者も含まれます。

　その良い例が、アドバンス・ケア・プランニング（人生会議）と呼ばれるものです。治療法は自分で決める、というのが最近の考え方ですが、重い病気を抱えた患者が急変した時など、自分で治療方法を決めることが難しくなる場合があります。このような時を想定して、事前に「このような時にはこうしてくださいね」ということを決めておくことをいいます。アドバンスは前もって、ケアは治療方法、プランニングは計画しておく、という意味です。具体的には、人工呼吸器を使うなどの延命措置をするかどうかなどをあらかじめ意思表示をしておくことです。「生前の意思」とか「遺言」という方法もありますが、アドバンス・ケア・プランニングでは、患者以外にも多くの人が参加します。

　2007年5月、厚生労働省は「人生の最終段階における医療の決定プロセスに関するガイドライン」の初版を公表しました。これにより、2012年6月に成立した社会保障制度改革推進法では、その第6条3で「個人の尊厳が重んぜられ、患者の意思がより尊重されるよう必要な見直しを行い、特に人生の最終段階を穏やかに過ごすことができる環境を整備する」と定められました。その後、2018年3月、11年ぶりにガイドラインの名称を変更し「人生の最終段階における医療・ケアの決定プロセスに関するガイドライン」と「ケア」の一言を加え[6]、患者本人や家族・信頼のおける友人と、医療ケア

チームにも介護従事者が加わるようになりました。本人の意思は変化しうるものであり、医療・ケアの方針や、どのような生き方を望むか等を、日頃から繰り返し話し合うことが強調されています。話し合った内容はそのつど文書に残し、本人、家族等、医療・介護チームが共有し、アドバンス・ケア・プランニングの取り組みの重要性を強調しています。

厚生労働省は、こうしたアドバンス・ケア・プランニングという考え方を広めるために、日本語の名前を公募しました。その結果「人生会議」という言葉が使われるようになったのです。

8　医師との対話へ向けてのガイド

厚生労働省のガイドラインの他にも、患者が医師と話し合うためのガイドラインとして「重篤な疾患を持つ子どもの医療をめぐる話し合いのガイドライン」というものも作られています。日本小児科学会倫理委員会の作成したもので、子ども・父母（保護者）と医療スタッフが、治療の差し控えや中止を含め、治療方針の決定に向けた話し合いのためのガイドラインで、話し合いが適切に進んでいることを確認するためのチェックリストも付けられています[7]。

国立がん研究センターにあるがん情報センターでは、「重要な面談にのぞまれる患者さんと家族へ」と題したパンフレットを作成し、ダウンロードできる PDF で公開しています（https://ganjoho.jp/public/dia_tre/dia_tre_diagnosis/question_prompt_sheet.html）。がんなどの病気で、医師に尋ねたいことをあらかじめリストアップしてメモをしておくことなどが勧められています。例えば「抗がん剤の治療以外でどのような治療法がありますか？」とか、「その時の副作用にはどのようなものがありますか、それはどのくらい続きますか？」、「費用はどれくらいかかりますか？」などの質問です。

日本サイコオンコロジー学会と日本がんサポーティブケア学会が合同で「がん医療における患者―医療者間のコミュニケーションガイドライン2022年版」というガイドラインも作られています[8]。「がん対策基本法」の理念を受けて、患者・医療者双方へのコミュニケーション支援という面からアドバ

イスをしています。例えば子どものがん患者であれば、親とのパートナーシップを踏まえて、子どもにどのように病気について伝えてゆくのか、その際配慮すべき子どもの特性は何か、などです。

聖路加国際大学の中山和弘氏などが運営する「患者さんやご家族のための意思決定ガイド」というインターネット上のサイトでは、「自分らしく決めるガイド　乳がん手術方法」など15種のガイドが紹介されています（http://www.healthliteracy.jp/decisionaid/）。

患者が自分で自分の治療や今後の過ごし方などを決めるという「自己決定」は、簡単なものではないでしょう。そのためには患者自身が身に付けておかなければならない幾つかの要件があります。「情報」と、それを的確に見極めることのできる「情報リテラシー」、特に「健康情報リテラシー」です。次章ではこのテーマについて考えてみます。

〈引用文献〉

1) アメリカ病院協会「患者の権利章典　1973（日本語訳）」(https://cellbank.nibiohn.go.jp/legacy/information/ethics/patrights.htm)

2) 世界医師会「患者の権利に関する WMA リスボン宣言 1981（日本医師会訳）」(https://www.med.or.jp/doctor/international/wma/lisbon.html)

3) 中山健夫、藤本修平編著『実践シェアード・デシジョン・メイキング──今求められる医療コミュニケーション』改題改訂第 2 版（日本医事評論社、2024）

4) 内閣府・患者の望みを支える「患者主体の医療」実現のための研究会「患者の望みを支える『患者主体の医療』実現のための研究会 報告書～医療従事者と患者の共有意思決定が成り立つ社会の実現に向けて～」(https://www8.cao.go.jp/kisei-kaikaku/kisei/meeting/wg/2201_03medical/220831/medical08_0101.pdf)

5) Licciardone JC, Tran Y, Ngo K, Toledo D, Peddireddy N, Aryal S. Physician Empathy and Chronic Pain Outcomes. JAMA Netw Open. 2024 Apr 1;7(4)：e246026.

6) 厚生労働省「人生の最終段階における医療・ケアの決定プロセスに関するガイドライン解説編 2018」(https://www.mhlw.go.jp/file/04-Houdouhappyou-10802000-Iseikyoku-Shidouka/0000197702.pdf)

7) 日本小児科学会「重篤な疾患を持つ子どもの医療をめぐる話し合いのガイドライン 2012」(https://www.jpeds.or.jp/uploads/files/saisin_120808.pdf)

8) 日本サイコオンコロジー学会、日本がんサポーティブケア学会編『がん医療における患者─医療者間のコミュニケーションガイドライン 2022 年版』（金原出版、2022）

第1章　健康情報リテラシー

　病気になり病院へかかると、患者は医師などの医療関係者から、病気の状態や今後の治療方針などの説明を受けます。その上で、治療についての決定権を持っている患者は「病気が治る」あるいは「良好な状態が続き、病気の再発を防いでいる状態を維持する（このことを「寛解」といいます）」ということにつながる「正しい判断」をどのようにして行うことができるでしょうか。その手助けとなるのが「情報リテラシー」なのです。「情報リテラシー」という言葉を一言で説明するなら、「情報を読み解く力」ということになります。つまり、毎日私たちの前を流れてゆく多くの情報、テレビであったり新聞であったり、雑誌記事などの情報が、正しいのか、自分にとって役に立つのか、役に立つのならどのように役に立つのか、ということを判断する力、ということになります。

1　情報リテラシー

　健康情報に触れる前に、もう少し広い意味合いでの「情報リテラシー」とはどのようなものなのかについて考えてみたいと思います。元々が欧米から来た考え方ですので、どうしても欧米での言葉の意味を説明するところから始めなければなりませんが、お許しください。また、「情報」を扱うのが仕事である、私たち図書館員の世界での説明になってしまいますが、この点もお許しください。

　リテラシーという言葉の元々の意味は「読み書きの能力」という意味で、さらに特定の分野での知識やそれを活用する能力を表しています。よく聞く言葉としては、コンピュータ・リテラシーなどがあります。コンピュータを使って調べ物をしたり、文書を書いたりする能力のことですね。

　ではそうした能力の中で、「情報リテラシー」とはどのような意味を持っ

ているのでしょうか。アメリカ図書館協会では「情報リテラシーを有する人とは、情報が必要であるという状況を認識し、情報を効果的に探索・評価・活用する能力を持っている人」のことをいう、と定義しています。[1]イギリスの図書館情報専門家協会では「情報リテラシーとは、発見し、利用するあらゆる情報について批判的に考え、バランスの取れた判断を下すための能力である。それは市民としての私たちが情報に基づいた意見を持ち、表現し、社会に十全に関与する力を与えるものである」と説明しています。[2]また、よく似た言葉に「メディアリテラシー」という言葉もあります。これは、メディアの特性を理解した上で、メディアの発信する情報を読み解き、それを活用する能力で、SNSなどのメディアを用いて情報を発信し、自分の意思や意図を他者へ伝達する場合に必要な知識や技能も含むものである、とされています。

　これらを中山健夫氏は次のような５つの項目にまとめています。[3]

　　情報リテラシーとは
　　・情報が必要となる時期を知っている
　　・問題解決にどんな情報が必要かわかる
　　・必要な情報を見つけられる
　　・問題を効果的に処理する情報をすぐに評価してまとめることができる
　　・他の人に適切に情報を伝えられる

　つまり、自分にとって今必要な情報はどのようなもので、それはどこを探せば見つかるのかがわかり、その情報をうまく使って自分に役立たせることができる、さらにそのことを他の人にも伝えることができる、ということになります。アメリカのラヌム氏の挙げた最初の４項目に中山氏が５番目を付け加えたものです。この５項目はとてもよく整理されており、わかりやすくまとめられていると思います。

　「情報」という言葉には、元々「判断を助けるもの」というような意味合いが含まれています。つまり、「得られた情報」により自分の考えをまとめたり決めたりするための手助けをするもの、なのです。１番目と２番目は、

今自分の考えをまとめたり対処法を考えるにあたって、どのような情報が必要であるのかを知ることなのですが、まず最初に整理しておかなければなりません。3番目の「必要な情報を見つける」方法については、また改めて後の章で紹介します。さらに、4番目に挙げられている手に入れた情報を「評価」する、ということがとても大切になります。その情報は自分にとって正しいか、自分の求める情報なのか、自分に役に立つものなのか、などを評価するものです。例えば、少し体重を減らしたいなあと思っている時に、トマトに含まれるリノール酸の一種が、脂肪の燃焼に効果がある、という研究結果を示す学術的な論文が紹介されている報道があったとします。これを聞いて、トマトやトマトジュースを買いに走る人もいるかもしれません。しかし、その研究結果はネズミによる動物実験の結果だった、としたらどうでしょうか。人に効果があるかどうかはわかりません。あるいは、この実験はアメリカで行われたもので、アメリカ人を対象としたものでした。日本人に効果があるとしている訳ではありません。このように、情報の内容を評価するのは難しい場合もあります。5番目に挙げられている「他の人へ伝える」ということにも、いくつもの問題が含まれています。SNSによる口コミ情報が典型的な例で、例え悪意がなくても他人には正確には伝わらない場合もあるということは、日頃から経験するのではないでしょうか（コラム2参照）。

2　健康情報リテラシー

　インターネットのレシピサイトとしてクックパッドを利用される方は多いと思います。2017年にこんな不幸な出来事がありました。

　乳幼児を抱えたお母さんが、離乳食としてどのようなものを子どもに食べさせるのがよいのかネットで調べてみました。クックパッドには多くの情報が紹介されていますが、離乳食についての情報も数多く含まれています。そうしたレシピの中から「はちみつ」を含んだ離乳食を生後6か月の子どもに与え、その子どもが死亡するという出来事がありました。はちみつにボツリヌス菌が入っており、細菌感染症を引き起こしたためでした。厚生労働省はすぐにホームページで注意喚起を行い、「ハチミツを与えるのは1歳を過

ぎてから」と広報しました。これは、ネット情報を素直に信じたことから起こった不幸な出来事でした。その後、クックパッドを「離乳食 はちみつ」で検索をすると、まず最初に離乳食におけるはちみつの注意点として「1歳未満の赤ちゃんには、はちみつを食べることによって乳児ボツリヌス症にかかることがあります。はちみつや、はちみつ入りの飲料・お菓子などの食品は与えないようにしましょう」という注意喚起が表示されるようになりました。

　こればかりではなく、健康食品による「健康被害」は毎年のように数多く報道されています。そうした情報の洪水の中で、自分が健康な状態なのか、どうなったら健康ではなくなるのか、健康な状態を保つためにはどうすればよいのか、さらにどのような状態が病気なのか、病気を治すにはどのようにすればよいのか、これらを知ることのできる力が「健康情報リテラシー」です。個人が健康に関する情報をうまく利用できるスキル、すなわち保健・医療・福祉分野における読み・書き・そろばんの力であるということができます。

　WHO（世界保健機関）でも、1986年の健康づくりのためのオタワ憲章（第1回WHO健康づくり国際会議）で、情報スキルと教育スキルを介した個人スキルの開発の必要性を宣言しました。ついで、1997年の健康づくりを21世紀へと誘うジャカルタ宣言（第4回WHO健康づくり国際会議）では健康づくりへの参加にはヘルス（健康）リテラシーが欠かせない、と宣言しています。さらに、1998年には「健康を維持促進するために情報へとアクセスし、理解し、活用する動機付けと能力を決定する認知的、社会的スキル」が「健康リテラシー」であるとしました。

　「健康リテラシー」の中でも情報に特化したのが「健康情報リテラシー」です。これは狭い意味での健康情報を読み解く力である、ということができます。次の3つの段階があるとされています。

　機能的リテラシー
　・正確で有用性のある情報を入手する能力
　　　情報が必要となった時に、どのような情報源をどのような方法で

調べるとよいのか、その適切な方法を知っている。辞書を使うのか、より専門的な本などの情報源を調べるとよいのか、などの情報源についての知識。

・日本語が正確に読める能力

　薬を処方された時に薬の飲み方などの説明を受けますが、飲むタイミングとして食前、食後などのほか「食間」というタイミングが示されることがあります。これは食事の最中ではなく、食事と食事の間、という意味です。誤解を招きかねない表現ですが、きちんと読んで理解することのできる能力です。リーダビリティと言われることもあります[4]。

相互作用的リテラシー

・コミュニケーションを通して情報を理解する能力

　医師の説明が理解できる能力などです。医師の説明には、専門用語がたくさん出てきます。きちんと理解するためには質問をするなどして、自らの理解を正確にする必要があります。それがその後の治療方法を決める際の手助けとなります。

批判的リテラシー

・情報を批判的に取り入れることができる能力

　情報を評価し、意思決定の判断材料とすることができる能力です。自分の治療法は自分で決める時代となっています。その情報が自分の役に立つかどうかを判断することができる能力です。

　これらの健康情報リテラシーを身につけると、情報源の特定できない怪しい情報や、意図的に流される悪意のある情報などから自分自身を守ることができるようになるでしょう。中国で行われた60歳以上の高齢者776人についての、インターネットの情報利用と健康情報リテラシーの関連を調べたアンケート調査では、インターネットの健康情報を検索し、選択し、評価して利用する高齢者の健康情報リテラシーはより高くなる、という結果を報告し

ています。[5)]

3　健康情報を評価するポイント

　健康情報リテラシーを実践するには、様々な情報やニュースを適切に受け止め、理解し、自分のものとする必要があるのですが、そのポイントを示した基準がいくつかあります。

　まず紹介したいのは、聖路加国際大学の「かちもない（あるいは『いなかもち』ともいわれています）」というもので、医療・健康情報に接したときに、どのように読み解いたらよいのかを示してます。次のような5つの項目が挙げられています（https://www.heartlife.or.jp/asunaro/asunaro-no-113/11235/）。

　　か　書いたのは誰か？ 発信しているのは誰か？ 信頼できる専門家か？
　　ち　違う情報と比べて見たか？ 他の情報源と比較してみる
　　も　元ネタ（根拠）は何か？ 情報源は示されているか？
　　な　何のための情報か？ 商業目的の宣伝かも？
　　い　いつの情報か？ 古い情報かも？

　ESCAPE Junk News というものもあります。ジャンクな情報から逃れる、という意味合いでしょうか。NewseumED という団体が、市民生活に不可欠なメディアリテラシーのスキルを養うために、として作成しています。以下のような6つの項目が挙げられています（https://newseumed.org/tools/lesson-plan/escape-junk-news）。

　　E　Evidence　証拠・根拠（その事実は確かか）
　　S　Source　　情報源（誰が作ったのかがわかるか）
　　C　Context　　背景（全体像はどうなっているのか）
　　A　Audience　読者（誰に向けて書かれているのか）
　　P　Purpose　　目的（これが書かれている目的は何か）
　　E　Execution　作成・実行（情報はどのように示されているか）

もう一つは、新聞などのマスコミで報道される医療や薬に関するニュース情報を評価する指標で、メディアドクター研究会の作った「メディアドクター指標」というものです。次の10の項目からなっています（https://www.mediadoctor.jp/menu/review.html）。

・利用可能性：医療や薬剤について、現在利用可能か、どのような人の利用に適しているか、正確な情報を提供していますか？
・新規性：医療や薬剤について、どのような点が新しいか、正確な情報を提供していますか？
・代替性：医療や薬剤について、既存の代替できる選択肢と比較していますか？
・あおり・病気づくり：あおりや病気をつくり出す内容になっていませんか？
・科学的根拠：医療や薬剤について、科学的根拠の質を踏まえて書かれていますか？
・効果の定量化：医療や薬剤の効果を適切に定量化していますか？
・弊害：医療や薬剤の弊害について、正確でバランスのとれた情報を提供していますか？
・コスト：医療や薬剤の入手・利用などに必要な費用について述べていますか？
・情報源と利益相反：情報源・研究開発の主体（研究機関・研究者など）・資金源など、利益相反について読者が判断できるように述べていますか？
・見出しの適切性：見出しは、内容を適切にわかりやすく要約していますか？

この中に、「あおり・病気づくり」という項目があります。これは、決して病的な状態ではないのにあたかも病気であるかのような宣伝を行い、商品を売るというようなことで、モンゲリング（Mongering）と呼ばれるものです。

例えばよく耳にする「血圧 130」はどうでしょうか。日本高血圧学会の「高血圧治療ガイドライン」によると、年齢にもよりますが、血圧 130 は高値ではありますが、高血圧とは診断されません。コマーシャルでも微妙に「高血圧です」とはいわず「血圧高め」と表現しています。しかし聞く側は、血圧が高いのかなあ、と感じてしまうこともあるでしょう。また、食品やサプリメントの健康効果を過度に信じてしまう「フード・ファディズム」という言葉もあります。

このような情報を評価する指標は様々ありますが、共通するのは「情報源の確認」と他の情報を調べ、チェックして「裏を取る」（根拠の確認）ということになります。例えば、インターネットにある健康に関する情報を、厚生労働省や医学系学会のホームページで確認してみる、というようなことになります。インターネットの情報は、しばしば私たちの生活にも影響を及ぼしますが、新型コロナウイルス感染症はそのことを示した事例の一つでした。

4　新型コロナウイルス感染症が健康情報リテラシーの大切さを教えてくれた

2019 年末から始まった新型コロナウイルス感染症のパンデミックは、医療や健康に関わる情報の信頼性という問題を世界中の人々に改めて突きつけました。多くの不正確な情報が世界を飛び交い、それに振り回されることもしばしばありました。予防にはお湯を飲むとよい、とか新型コロナウイルスはどこかの誰かが仕掛けた陰謀であるなどです。なぜかトイレットペーパーが品薄になったりもしました。特にワクチン接種をすると不妊になるとか、ワクチンにはマイクロチップが含まれているので体の中に埋め込まれて行動が監視されるなどのとんでもないデマが広がり、一定程度の人々がそれを信じてしまいました。2021 年 9 月に行われた 4000 人を対象とした調査では、デマ情報を耳にしたことがある人は 71％にのぼり、そのうち信じた人が 5％、半信半疑だった人が 42％いたということです。20％の人が家族や友人に伝え、ワクチン接種を止めようと思った人が 7％、様子を見ようと思った人が 28％いたという結果でした。[6]

新型コロナウイルスワクチンの開発は素早く行われ、開発者のカタリン・

カリコ氏等には 2023 年にノーベル生理学・医学賞が与えられました。しかし、このワクチンはこれまでの多くのワクチンが弱毒化したウイルスなどを使用していたのに対して、まったく新しい mRNA（メッセンジャー RNA）という遺伝子の構造を利用したものでしたので、不安を抱く人も多かったのではないでしょうか。新しい薬が、実際に患者の治療に使われるまでには、臨床試験と呼ばれる試験が行われ、安全性と有効性についてきちんと評価された上でなければ使用が認められませんが、新型コロナウイルスワクチンの場合にも、こうした臨床試験が行われています。つまり、安全性も有効性も確認されているのです。ただ、各国とも早く患者に使用したいという事情がありましたので、承認のための審査は急がれました。

　初期の段階では、ウイルスの型には、最初に発見された国名がつけられ、英国型、南アフリカ型、ブラジル型などと呼ばれました。これはたまたまそのウイルス型（変異株）がその国で見つかったというだけなのですが、この呼び名はその国への差別や偏見が生まれる可能性があるとして、WHO は2021 年 5 月に新しい変異株の名前にはギリシャ数字を用いることに決めました。その結果アルファ型とかベータ型と呼ばれるようになったのです。

　こうした一連の出来事は、改めて信頼性が高く、正確で、タイムリーで、理解しやすく、実行可能な健康に関わる情報の重要性を人々に認識させたのではないでしょうか。端的にいえば、人々は危機に瀕した時、それに対処するためには受け取る情報の質とスピードが大切になる、ということです。おそらくみなさんは、毎日テレビなどのニュースで感染者数が紹介される時に、その数字を発表しているジョンズ・ホプキンス大学という名前を耳にしたのではないでしょうか。ジョンズ・ホプキンス大学はアメリカ・バルチモアの歴史ある大学で、創設時より公衆衛生学に力を入れていました。新型コロナウイルス感染症のパンデミックにあたっても、世界各国での正確な感染者数をカウントできる仕組みを普段からつくってきていたため、このような混乱した時期においても、常に正確な数値情報を世界へ発信することができたのです。

　2019 年に始まった新型コロナウイルスのパンデミックから、私たちは多くのことを学びましたが、情報リテラシーあるいは健康情報リテラシーの観

点からも、学ぶべき点が数多くあったと思います。しかし、個々人がリテラシーを得るように努めるばかりではなく、国や政府、さらに図書館などの情報機関の役割も明確にしたいところです。2024年4月に、図書館の国際的な組織である国際図書館連盟（IFLA）は「人権としての医療情報への普遍的アクセスに関する声明」を発表し、その中で国や政府の役割として「ヘルスケア情報の普及と活用のための強固で効果的、かつ包括的なインフラストラクチャー（仕組み・構造）をあらゆる場所で獲得するための支援を行うこと。図書館やその他のコミュニティ組織が、医療情報を得る権利の提供を支援できるようにし、これらの組織と医療機関との間の協力を支援し、権威ある、信頼できる、最新かつ正確な情報の最適かつ持続可能な提供が可能となる支援を行う」こととしています。[7]

5　政策としての健康情報リテラシー

　国民が健康に暮らせる社会をつくり、維持することは国の役割ですが、私たちの日常生活ではあまりはっきりとは見えてこないかもしれません。少し眺めてみたいと思います。

　やはりアメリカが先行するのですが、1979年に始まった「Healthy People 1990」という長期計画があります。これはほぼ10年先を目標として健康な社会をつくろうという政策で、この後も10年ごとにつくられています。中でも、2000年につくられた「Healthy People 2010」は国民の健康を改善・維持するために467の目標を掲げ「生活の質の向上」、「健康格差の解消」などを目指す長期計画でした。また、現在進められている2020年に作られた「Healthy People 2030」では、健康格差をなくし健康の公平性を達成し、ヘルスリテラシーを身につける、としており「リテラシー」が重要であることを挙げています。[8]

　日本では、2000年に「健康日本21」（第一次）という政策がつくられ、その中で「健康づくりに関わる多くの関係者が健康状態等に関する情報を共有しながら、現状および課題について共通の認識を持った上で、保健医療上の重要な課題を選択し、科学的根拠に基づいて、取り組むべき具体的な目標

を設定する」としています。こちらも現在は第三次まで進められています。

　さらに具体的な方針を示した「保健医療2035」が2015年につくられました。この提言の中では「ヘルスリテラシー」という言葉も随所に登場してきます。例えば、(2)「ライフ・デザイン ～主体的選択を社会で支える～　i)自らが受けるサービスを主体的に選択できる」、という項目の中の具体的なアクション例の最初に「自ら最適な医療の選択に参加・協働する」として「これまで、医療サービスの利用者は、健康医療に関わる基礎知識の不足や受け身的な関わり方により、医療への過剰な期待や反応を持つ傾向があった。こうした点を是正するため、学校教育、医療従事者、行政、NPO及び保険者からの働きかけなどによってヘルスリテラシーを身につけるための支援をする」と書かれています。健康に関わるリテラシーが、健康な日常生活を保つために重要であることが、国の施策の中でも示されたのです。

　具体的な法令としては、2006年にがん対策基本法がつくられた（2007年に施行2016年に改正）ことが健康情報リテラシーの世界では大きな出来事でした。がん対策基本法では、その名の通り多くの人びとが経験する病気であるがんの予防や治療ばかりではなく、がんに関する情報の収集や提供にも大きなウエイトを置いています。がん対策基本法は当時参議院議員であった故山本孝史氏が、自らの闘病体験を通して、議員立法として提出し成立したという画期的な法律でした。法令の第3章第2節に「がん医療の均てん化の促進等」という一節が設けられ、その中の第18条に「がん医療に関する情報の収集提供体制の整備等」として「国及び地方公共団体は、がん医療に関する情報の収集及び提供を行う体制を整備するために必要な施策を講ずるとともに、がん患者及びその家族に対する相談支援等を推進するために必要な施策を講ずるものとする」と明記したのです。「均てん化」という言葉は、いかにも法律の中に出てくるわかりにくい専門用語ですが、どこでも誰でも公平に平等に同じ恩恵を受けられる、というような意味合いで、がん医療に関してはどこでも誰でもがんの標準的な医療を受けることができる、ということを意味しています。

　そしてがん対策基本法がつくられた同じ2006年に、東京築地にある国立がん研究センターの中にがん対策情報センターが設置され、がん情報サービ

スが開始されました。[11] このセンターの目的と役割は、がん対策基本法で謳われている「患者家族市民のためのがんの情報をつくり、届ける」ために、「確かな」「わかりやすい」「役に立つ」がんの情報を提供することを目指すものです。患者市民向けのサービスも豊富で、例えばがんの種類ごとに数ページのパンフレットなども作られていて、胃がん、肺がん、乳がんといったものがあります。このパンフレットのPDFファイルをダウンロードして印刷し、図書館などで提供することもできます。これらパンフレットなどの患者市民向け情報源をまとめて送ってもらえるがん情報ギフトというサービスも行っています。また、全国にはがん診療拠点病院と呼ばれる専門病院が500近くありますが、その病院にはがん相談センターが設けられていますので、がんの情報ばかりではなく様々な相談事にも乗って頂けるようになっています。

　2006年の医療法の改正の中では、患者・市民への病院に関する情報提供も謳われており、医療機能情報提供制度（医療情報ネット）が設けられました。当初は各県別に病院や薬局を探すためのホームページが開設され、例えば東京都では「東京都医療機関・薬局案内サービス」というページがつくられました。また、各県別という点を改善した全国版の医療情報ネット（ナビイ）というサイトが、2024年4月に厚生労働省により開設されました（https://www.iryou.teikyouseido.mhlw.go.jp/znk-web/juminkanja/S2300/initialize）。

　がん以外では、まだまだ国の政策としての対策や、その情報提供などは行き届いているとはいえないのが現状です。しかし、国立国際医療センターが運営する糖尿病情報センター（https://dmic.ncgm.go.jp/）や、公益財団法人難病医学研究財団が運営する難病情報センター（https://www.nanbyou.or.jp/）などの患者・市民へ向けて情報提供を行っている機関もあります。医学関連の学会でも、ウェブサイトで患者市民向けの情報提供を行っている学会も多くあります。一つだけ紹介しますと、日本消化器病学会では患者さんとご家族のためのガイドというウェブサイトを用意していて、胃や腸の病気のパンフレットがPDFで提供されています（https://www.jsge.or.jp/committees/guideline/disease/）。

6　患者・市民はどのような情報を どのような方法で入手したいと願っているのか

　患者や一般市民の方は、自分や家族の病気についてどのような情報をどのように調べて手に入れているのでしょうか。少し古い調査なのですが、2001年に行われた「一般市民の医学・医療情報需要調査」を紹介したいと思います。この調査は厚生労働省の科学研究費補助金を受けた研究班の調査として行われたもので、情報提供基盤構築のため、臨床医の情報需要調査、患者及びその家族の情報需要調査に引き続き、一般市民の医学・医療情報需要の実態を知ることにより、情報提供の形態について具体的な提言のために行われたものです。最近よく行われているインターネットでの調査ではなく、一軒一軒家庭を訪問し、アンケート用紙を手渡し後日回収する、という方法で行われています。合計1385件の回答が分析されています。[12]

　この調査で、病気や健康についての情報に関心がありますか、という質問に対して、非常にある、ややあると回答したのは合わせて78％に上りました。どのような情報に関心があるかという問いに対しては、病気の予防（60％）、薬の効果や副作用（46％）、医療費（38％）、病院に関する情報と食事や栄養についての情報（33％）という順でした。病気や健康について知りたいことがあった場合どのように調べていますか、という問いに対しては医師に尋ねる、というのがダントツに多く61％となっています。ついで本や雑誌、家族友人に聞くというのが続いています。最近の調査では、インターネットで調べるというのが医師に尋ねるというのと同じくらい高くなっていますが、この調査では12％程度でした。また残念ながら図書館で調べるという回答は7％程度で決して高くはありませんでした。これは現在でもあまり変わらないかもしれません。十分に情報は得られているかという質問に対しては、十分にできているまたはまあまあできているという回答は合わせて36％で、どちらともいえないという回答が55％あります。

　では、どのようなものが便利になるとよいと思いますかという質問に対しては「医師への相談がしやすくなるとよい」という回答が74％とやはり高くなっています。最後に病気や健康について欲しい情報を調べるために

あなたが希望するのはどのようなものですか、という質問に対して、一番高かったのは「病気についての情報センター」という回答で70％に上りました。次いで「病院に患者の利用できる図書館があるといい」とした回答が22％でしたので、病気についての情報を調べる場所（情報センター）に対するニーズの高いことがわかります。回答は選択肢から選んでもらっているのですが、「病気についての情報センター」というのはこの当時はどこにもなく、調査を行った研究班で架空の施設としてつくったものでした。その架空の情報センターに期待が集まったのでした。この調査では、まとめの結論として「病気や健康についての情報要求は高いがその入手方法については、医師に尋ねる以外に適切な方法が無く、得られる情報にも十分には満足していない。また、図書館等の既存の情報機関への期待はあまり高くなく、専門の情報センターを望んでいる」というものでした。

　この調査は2001年に行われたものですが、その後に行われた同様な患者・市民の健康情報を探す行動としては、インターネットによるサイト検索が広く行われるようにはなってきていますが、その信頼性については疑問に感じているという結果の調査もあります。

　こうした、正確で自分に合った情報を得る場所としての「図書館」については次の第2章で、インターネットにある情報をどのように評価して、どのように利用するのか、という問題については第3章で考えたいと思います。

〈引用文献〉
1)　日本図書館情報学会編『図書館情報学事典』p.296（丸善出版、2023）
2)　Information Literacy Group. CILIP Definition of Information Literacy definition 2018.（https://infolit.org.uk/new-il-definition/）
3)　中山健夫『健康・医療の情報を読み解く――健康情報学への招待』p.7（丸善出版、2008）
4)　酒井由紀子『健康医学情報の伝達におけるリーダビリティ』（樹村房、2018）
5)　Ye W. The impact of internet health information usage habits on older adults' e-health literacy. Digit Health. 2024 May 7;10:20552076241253473. doi: 10.1177/20552076241253473.
6)　福長秀彦「新型コロナワクチンと流言・デマの拡散――接種への影響を探る」、NHK放送文化研究所『放送研究と調査』2022年、72巻1号、p.2-23
7)　Intwernational Foundation of Library Association and Institutions. IFLA Statement on Universal Access to Healthcare Information as a Human Right.（https://repository.ifla.org/handle/123456789/3276）
8)　National Center for Health Statistics. Healthy People.（https://www.cdc.gov/nchs/healthy_people/index.htm）

9) 厚生労働省「健康日本21（第三次）」(https://www.mhlw.go.jp/stf/seisakunitsuite/bunya/kenkou_iryou/kenkou/kenkounippon21_00006.html)

10) 厚生労働省「保健医療2035——2035年、日本は健康先進国へ」(https://www.mhlw.go.jp/seisakunitsuite/bunya/hokabunya/shakaihoshou/hokeniryou2035)

11) がん情報サービス (https://ganjoho.jp/public/index.html)

12) 河合富士美、江口愛子、牛沢典子、諏訪部直子、真下美津子、向田厚子、山口直比古「一般市民の医学・医療情報需要調査」、日本医学図書館協会『医学図書館』2002年、49巻4号、p.376-382

第2章　情報を得る場所としての図書館

　誰でも病気をしますし、病気になったときには病院へ行くことになります。そこでは、自分の状態や治療方法について医師や看護師などの医療関係者から説明を受け、今後の治療方針などについて相談をします。医療関係者から患者への説明義務については、2006年の医療法改正により、その第1条4項の2で「医療の担い手は、医療を提供するにあたり、適切な説明を行い、医療を受ける者の理解を得るよう務めなければならない」としていますし、さらに第6条第2項の2に「医療提供施設の開設者及び管理者は、医療を受ける者が保健医療サービスの選択を適切に行うことができるように、当該医療提供施設の提供する医療について、正確かつ適切な情報を提供するとともに、患者又はその家族からの相談に適切に応ずるよう努めなければならない」と規定されています。

　ただ、最終的に治療をするかどうかや、どのような治療をするのかは患者自身が決めることになります。その時に、医師などの説明を理解し、了解した上で決めることになります。そうした一連の過程で、自分の抱えている病気や治療方法について、自分で理解できる「情報」があると判断の助けになります。しかし多くの場合、医療関係者による説明は病気の名前や状態など専門用語を数多く含み、患者にとって理解が難しいことが多くあります。情報の非対称性が存在するからです。また、患者からは医療関係者がとても忙しそうに見え、わかりやすい説明を求めたり、質問するのを控えがちになります。このような場合（もちろん医療関係者によるわかりやすい説明が一番なのですが）、自分で「情報」を探さなければなりません。

　ここでは、患者やその家族・一般市民が医療や健康に関する情報（それも正確でわかりやすい情報）を探し、見つけ、手に入れることができる場所としての図書館と、その利用の方法などを紹介したいと思います。紹介するのは、一番身近にある公共図書館、病院の中にある患者図書館、そしてちょっ

と敷居は高いかもしれませんが大学図書館の3種類の図書館です。

1　公共図書館

1.1　医学の本は公共図書館のどこにあるのか（分類の話）

　最初はまず、近くの公共図書館で、どのようにして医学・医療情報を探すのかを紹介したいと思います。

　日本のほとんどの公共図書館で使われている本の主題分類法は「日本十進分類法」と呼ばれるものです。この分類法では、0から9までの数字を使って主題を分類し、その番号の順に本を書架に並べています。その番号は、本の背に貼り付けられたラベルに書かれています。番号の意味を知ると、図書館で本を探す時に大変便利です。例えば、先頭が9という番号は「文学」を意味し、浅田次郎とか村上春樹などの小説は現代日本文学（913.6）という番号の書架に並べられています。

　同じように、「医学」の本は先頭が49という番号の書架に並べられています。ですから、近くの公共図書館へ行ったら、まず49の書架を探します。その中では、内科や外科などで細分され、終わりの部分には公衆衛生や薬の本が並んでいます。もう少し詳しく見ると

　490　医学一般

　491　基礎医学（解剖学【からだのしくみ】、生理学【呼吸や血液循環などのしくみ】など）

　492　診断・治療一般（特定の病気の診断・治療はその病気の場所に分類する）

　492.9　看護学

　493　内科

　493.1　全身病（糖尿病はここに分類される）

　493.2　循環器疾患（心臓の病気や高血圧など）

　493.3　呼吸器疾患（肺の病気）

　493.4　消化器疾患（胃や腸、肝臓などの病気）

493.9　小児科（子どもの病気など）
494　外科
494.5　がんとその治療
494.7　整形外科（腰や膝、骨折など）
494.9　泌尿器科学（腎臓の病気など）
495　婦人科・産科
496　眼科・耳鼻咽喉科
497　歯科
498　衛生・公衆衛生（栄養学を含む）
499　薬学

　公共図書館の本が、どのような順に並んでいるのかを覚えるのは大変ですので、覚える必要はありませんが、ご自分で特に関心のある主題については、書架のどのあたりにあるのかを大体覚えておくと便利です。何よりお勧めしたいのは、「図書館員に尋ねる」です。例えば「腰が痛いのだ

佐倉市立志津図書館の 49（医学）の書架

けれど、そのような本はどこにありますか？」というような具合です。しかし、「糖尿病は治りますか？」という質問をしても図書館員は「食事と運動に気を付けていれば治りますよ」とは答えません。なぜなら、医療に関わる行為は医師にしかできないという法律がありますので、図書館員は「このあたりの書架を見てくださいね」というようなお返事しかできません。
　より詳しく知りたい場合には図書館員へ尋ねると良いのですが、そのあたりについては、第 7 章のレファレンス・サービスのところで紹介します。

1.2　課題解決型のサービスとしての医療・健康情報提供
　2000 年を過ぎるあたりから、公共図書館の役割が変わってきたといわれています。その背景には少子高齢化などによる地域住民のライフスタイルの

変化や価値観の変化などがあり、公共図書館に求められるものにも変化が見られるようになってきたということです。1990年代後半からのインターネットの普及も大きな要因になっています。

　これが具体的な形として表れてきたのが、公共図書館における「課題解決型サービス」です。2004年に文部科学省生涯学習政策局の委託により、図書館情報学の専門家や公共図書館、学校図書館、日本図書館協会それに放送メディアなどから集められた11人の委員による「図書館をハブとしたネットワークの在り方に関する研究会」が構成され、翌2005年1月に「地域の情報ハブとしての図書館―課題解決型の図書館を目指して―」という報告書がまとめられました。この中で、公共図書館に求められる新たな取り組みとして、地域課題の解決支援として「ビジネス支援」、「行政情報提供」が、個人の自立化支援として「医療関連情報提供」、「法務関連情報提供」が、そして地域の教育力向上支援として「学校教育支援」、「地域情報提供・地域文化発信」の6つのテーマが提唱されました。これらの中でも「ビジネス支援」、「法律情報支援」、そして「医療関連情報支援」がその後大きく取り上げられて行くことになります。

　こうした動きと並行して、患者・家族や一般市民へ向けての「がん情報」提供がクローズアップされていきます。2006年のがん対策基本法です。この中では「情報」の重要性が認められ、同年国立がん研究センターの中に「がん対策情報センター」が設立されます。その目的は、患者・家族や一般市民向けに、がんに関する情報を正確にかつわかりやすく提供することで患者や家族を支援する、というものです。ウェブサイトでの情報提供（https://ganjoho.jp/public/index.html）ばかりではなく、わかりやすいパンフレットをがんの種類ごとに作り、公共図書館などを通して市民へ提供する、ということも行われています。

　また、地域の中でのサービスという点では、厚生労働省が進める「地域包括ケアシステム」があります。これは高齢化社会の進行に対応するため、高齢者や病気を抱えた住民を支える、というものです。1980年代から行われてきてはいたのですが、1997年の介護保険法の成立で、より具体的な取り組みとなりました。介護保険法は2005年に改正され、「地域包括ケアセン

ター」が設立されるようになります。当初は地域で高齢者を支援する、という目的でしたが、現在ではその意味合いが広がり、介護、医療、病気の予防、住まい、生活支援が一体的に連携して提供されるものである、と考えられています。こうした幅広い活動の中には地域の公共図書館も含まれています。病気や生活のための情報提供や、来館できない方のためのアウトリーチサービス（出前サービス）などです。

　このように大きく動いてゆく社会の中で登場した、公共図書館に求められる「課題解決サービス」ですが、ビジネスや法律に比べると「医療関連情報」の提供は、より市民のニーズの高い情報サービスといえるかもしれません。2014 ～ 15 年に実施された全国公共図書館協議会調査では、都道府県立図書館では 89.4 ％（47 館中 45 館）、市町村立図書館では 42.6 ％（1295 館中552 館）の図書館で実施されており、他のサービスと比較して実施率が高いと報告されています。[2] 実施されている具体的なサービスの内容は以下の表のようになっています。

	都道府県立図書館	市町村立図書館
特別コーナーを設置	61.7%	20.4%
資料リスト、パスファインダー等の提供	70.2%	7.3%
関連資料を他分野より積極的に収集	40.4%	19.6%
オンラインデータベースを提供	31.9%	1.8%
オンラインデータベースの講習会を開催	2.1%	0.3%
セミナー、シンポジウムの開催	27.7%	3.0%
関係機関の利用案内、イベント情報等	51.1%	16.3%
関係機関と提携して相談会等を実施	17.0%	1.4%
特別のレファレンス窓口を設置	2.1%	0.1%
その他	14.9%	6.6%

　この調査報告書の中では、埼玉県立久喜図書館での事例が紹介されています。また、展示と一緒に市民を対象としたイベントなども行われるようになってきています。次頁の写真は、多治見市図書館でのがんについての展示の例と名古屋市立志多見図書館や守山図書館で行われている「みんなのがん

多治見市図書館でのがんについての展示

名古屋市守山図書館で行われている「みんなのがん教室」

教室」の例です。市民・住民を対象として専門の講師を招いての講座です。

1.3 本を選ぶのは難しい（正しい医療・健康の本とは）

2022年夏に、元慶応義塾大学病院の医師であった近藤誠氏が亡くなったという報道があったのをご存じの方も多いかと思います。近藤医師は『患者よ、がんと闘うな』とか、『がん放置療法のすすめ』などの著作で知られ、「がん」の積極的な治療には否定的な主張をしていました。現場の医師はもちろんまともには受けとってはいなかったのですが、患者・家族や一般市民の間には一定数の賛同者もおり、医療の現場に混乱をもたらしたという面もありました。しかし、ベストセラーとなり需要も大きかった近藤医師の本を、多くの公共図書館では書架に並べていました。

こうした問題は医療健康の本に限りません。公共図書館における選書方針は、基本的には「選ばない」という点にあるからです。日本図書館協会の掲げる「図書館の自由に関する宣言」ではその第1条に「図書館は資料収集の自由を有する」と宣言しています。利用者からの求めに応じて選書を行い、その際には政治的、宗教的、社会的な偏りには忖度しないのが原則だからで

す。子ども向けの推薦図書というものはあっても、「悪書」は想定されません。もちろん、各公共図書館では、選書にあたって選書委員会のような会議を行い、不適切と判断された本をふるいにかけるという作業が行われるのが普通です。しかし、医学・医療・健康の本については、書かれている内容が正確であるかどうか判断するには、多くの知識と経験が必要です。医学の世界では、代替医療や民間療法と呼ばれるものについては、治療の効果が確立していないものも多い、と認識されています。しかし、だからといってそれを選書委員会で判断するのは大変に難しいことです。杉江典子氏の調査でも「各図書館が、この分野に特化した情報提供を組織として行うことのできる基盤の整備が十分に行われているとは言いにくい状態にあった」と指摘しています。[3]

　医学的に正しい（適切であるもしくは最良である）と判断される基準に「エビデンス」というものがあります。最近ではテレビや新聞などのマスコミでも「エビデンス」という言葉を目や耳にすることが多くなっていますが、医学の世界では「科学的にその有効性が証明された根拠」という意味で使っています。そして、科学的な根拠を導き出す方法論も確立しています。一つの薬が患者に処方されるまでには、多くの時間（時には数年にわたる）をかけた「臨床試験」あるいは「治験」と呼ばれる、安全性と有効性についての試験が行われます。その結果、安全性と有効性が確認されたものだけが、治療薬として承認され、使用されるようになります。新型コロナウイルスワクチンも、こうした臨床試験を経てみなさんに投与できるようになったのです。このようにして確立された科学的な根拠に基づく医療のことをエビデンス・ベースト・メディシン（Evidence Based Medicine：EBM）と呼んでいます。

　公共図書館における選書にも、このような方法論が応用できると良いのですが、利用者の求めるものと、提供したい情報との間にはどうしてもアンバランスが生じます。選書を行う図書館員の側にもそれ相応の知識が必要となります。そこで求められるのが「選書基準」と「推薦図書リスト」です。

　選書の基準となる考え方を2つ紹介します。一つは、東邦大学大森病院にある患者図書室「からだのとしょしつ」の選書基準です。[4] そこでは、

(1) 信頼性

　医学的根拠がある

　実用的な内容である

　資料作成目的に透明性があり、偏向がない

　資料作成者の氏名、所属又は連絡先が明記されており、それが容易に
　確認できる

(2) 新しさ

　発行日が明記されている

　最新版

　原則として発行後 5 年以内のもの

(3) 使いやすさ

　わかりやすい言葉が用いられている

　誤解を招かない適切な表現が用いられている

　理解を助けるためのイラスト、図表、写真等が適切に挿入されている

　読みやすい大きさの文字が使われている

が挙げられています。また、中山康子氏は「著者」、「出版者」、「出版年」など 7 つの評価ポイントをあげています。[5]

　推薦図書リストは、常に更新されていることが望ましいのですが、現状ではあまり紹介できるものがありません。しかし、2022 年 4 月にスタートした日本医学図書館協会の「患者図書室にこの 1 冊！　―患者図書室おススメ資料―」というウェブサイトがあります。全国各地の現場でお仕事をされている図書館員たちがお勧めする本を紹介しています（https://jmla1927.org/committee.php?q=11009）。また、会員限定公開ではあるのですが、日本病院ライブラリー協会（https://jhla.jp/）では患者図書支援事業の一つとして「患者図書室参考図書リスト」を作成し、毎年改訂しています。このリストでは、医療者向けの本格的な医学書から一般市民向けにやさしく書かれた医学解説本まで幅広く紹介しています。中でも標準治療ともいわれている「診療ガイドライン」を数多くリストしています。「診療ガイドライン」は、エビデンスや患者の意向を考慮しながら、現在最も適切と考えられる医療をまとめた

もので、医学系の学会などが作成しています（コラム 1 参照）。

　そうした医師や医療専門家向けに書かれた診療ガイドラインを、一般市民向けにやさしく書き直した本も出版されています。例えば『患者さんのための乳癌診療ガイドライン　2019 年版』（金原出版、2019年）や『患者さんのための大腸癌治療ガイドライン 2022 年版』（金原出版、2022 年）などがあります。公共図書館でも、診療ガイドラインを収集することは大きな意味があると思います。

患者や一般市民向けにやさしく解説した診療ガイドラインがたくさん出版されている。

　「診療ガイドライン」は公共性も高いことから、一定期間後にインターネットで公開されるものも数多くあります。日本医療機能評価機構の提供する Minds ガイドラインライブラリ（https://www.medbooks.or.jp/）や、東邦大学・医中誌診療ガイドライン情報データベース（https://guideline.jamas.or.jp/）を知っておくと、一般市民の方が適切な医療・健康情報を入手する際に役に立つでしょう。

　一般市民向けに書かれたやさしい医学の解説本は、多くの出版社から出版されていますが、医学書専門出版社の集まりである日本医書出版協会（https://www.medbooks.or.jp/）に加盟する出版社から出版される本は、内容については信頼がおけるといってもいいでしょう。出版社で選定することも一つの方法です。

1.4　日本図書館協会と日本医学図書館協会

　多くの公共図書館が加盟している日本図書館協会でも、課題解決型サービスの一つとして、患者・家族や一般市民への医療・健康情報をどうやって提供してゆくのが良いのか、という観点からの活動もしています。2004 年に健康情報委員会（当初は健康情報研究委員会）を立ち上げ、全国図書館大会での分科会などを開催してきています。2007 年には『公共図書館員のため

の消費者健康情報ガイド』（アンドレア・ケニヨン他著、公共図書館による医学情報サービス研究グループ訳、日本図書館協会、2007 年、JLA 図書館実践シリーズ 6）を出版しています。アメリカの状況を紹介したものですが、消費者健康情報サービスの方向性を示す先行事例が紹介されています。

　2010 年には日本医学図書館協会に「健康情報サービス研修ワーキンググループ」が設けられ、日本図書館協会と合同で、2010 年静岡でのワークショップ、2010 年岐阜県、2011 年には宮崎県で研修会を開催するなどの活動をしてきました。その成果の一つとして 2012 年に『やってみよう図書館での医療・健康情報サービス』（日本医学図書館協会、医療・健康情報ワーキンググループ編著、日本医学図書館協会）を刊行しました。この本は翌 2013 年に改訂版を、さらに 2017 年には第 3 版を出版しています。第 3 版の出版をもって、初期の目的を達成したとして、現在は、これら 2 つの協会は、それぞれ独立して活動を続けていますが、前節で紹介した日本医学図書館協会のサイト「患者図書室にこの 1 冊！ ──患者図書室おススメ資料──」を、日本図書館協会の機関誌である図書館雑誌で紹介するなど、協力関係は続いています。

2　患者図書室

2.1　患者図書室ってなあに？

　文芸雑誌である「小説新潮」の 2022 年 9 月号は医療小説特集で、南杏子や日下部羊などの医師である作家による、医療に関わる短編小説が何篇か掲載されています。そうした小説と並んで「ルポ患者たちの図書室」と題されたルポルタージュ記事が掲載され、静岡県立こども病院の「わくわくぶんこ」と、東邦大学大森病院にある「からだのとしょしつ」の二つの患者図書室が紹介されています。[6]一般の文芸誌に「患者図書室」が紹介されるのは大変に珍しく、病気を抱えて病院通いをされている方たちや健康な方にも、病院の中に患者のための図書室がある、ということを知っていただくよい機会になったかと思います。

　では、何故病院に患者のための図書室（館）があるのでしょうか。

病気になった時には、自分や家族の行く末など、大きな不安が生じます。医師の言っていることはよくわからないし、すぐには心の整理がつきません。そのような時に役立つのが、病気のことや治療のこと、そして先々のこと（「予後」と言います）についての「情報」です。患者さんがその「情報」を得るにはどうすればよいのでしょうか。情報を得られる「場所」へ行き、情報を提供してくれる、あるいは情報入手を手伝ってくれる「人」と対話することが大切です。そうした場所が「患者図書室」なのです。

　患者のための図書室（館）には様々な名前が付けられています。情報プラザ、情報ステーション、健康ライブラリー、などです。慶應大学病院の1階に設けられている「健康情報ひろば」などもわかりやすい名前です。聖路加国際病院ではより広い意味付けをした「さわやか学習センター」と名付けられた患者のための場所があります。いずれの場合も目指すものは一緒です。ここでは「患者図書室」と呼ぶことにします。

2.2　患者図書室とはどのような役割を持つものなのか

　患者図書室とは、病院の中にあって入院患者や外来患者、およびその家族、さらには一般市民を対象として医療・健康情報を提供する場所で、インフォームド・コンセントやシェアード・デシジョン・メイキングを支援するための様々な資料や一般向け医学書を提供する場所のことをいいます。その役割は、患者の知る権利を保障し、情報の面から患者の自己決定を支援することであるといえます。そこには本や雑誌などの情報源があり、さらに現在ではインターネットに接続したパソコンを設置し、情報を入手・提供できる環境や設備が整えられている場所である、ということができます。

　患者と図書館の歴史は古く、病を持つ人々が本と出合う患者図書館は、2世紀頃小アジアの古都ペルガモンにすでに存在していたといわれています。その後、1271年に建てられたカイロのアル・マンスール病院には、司祭が患者にコーランを読み聞かせて回復の促進を図ったという記録さえ残されています。さらに中世のヨーロッパでは修道院において、聖書による癒しが提供されていたということです。

　時代は下って第一次世界大戦時には、赤十字社などによる傷病兵への読書

環境（戦時図書館）が提供されていました。中世の宗教書から娯楽書の提供へと変化していったのです。1933 年に米国病院協会患者図書館委員会が設立されるなど、二つの世界大戦の間に患者図書室は広がりを見せることになります。第二次世界大戦後には、精神科領域における治療の一部としての読書が推奨され、読書療法（Bibliotherapy）と呼ばれる治療としての読書も行われていました。[10]

　患者が医療における主役として認識されるようになったのは、比較的最近のことです。1960 年代後半のアメリカでは、ベトナム戦争の反戦運動から公民権運動や人種差別撤廃運動などへと広がりをみせ、さらに公害などによる健康被害から消費者運動へと展開していったのですが、そうした中で消費者健康情報サービス（Consumer Health Information Service）という考え方が登場しました。これは医学の専門家のためにではなく、一般市民（消費者）に対して提供される医療・健康情報サービスのことをいい、消費者自らが医療や健康に関する情報や知識を得ることによって医療の選択肢を増やし、健康を維持するために役立てることを目的としたものです。健康情報学とも呼ばれています。[11]こうした流れの中で、1973 年に米国病院協会により「患者の権利章典」（Patient's Bill of Rights）が公表されました。この中の 2 番目の項目として「患者は、自分の診断・治療・予後について完全な新しい情報を、自分に十分理解できる言葉で伝えられる権利がある」と宣言したのは、患者の知る権利を明確に述べたという点で画期的な出来事でした。[12]

　さらに、1980 年代には患者の知る権利を保障するため、医療者から患者への説明が求められるようになりますが、患者は説明を理解して了解するという意味合いでインフォームド・コンセント（Informed Consent）と呼ばれました。[13]さらに、治療の方法等については自分で決定する、という考え方が広まってきます。現在では、医療者と患者がいっしょに治療方針を決めるシェアード・デシジョン・メイキング（Shared Decision Making）という考え方が広まってきています。[14]それまでの、患者は医療者の言う通りにしていればよい、というような考え方（父権主義：パターナリズム）から患者中心主義（Patient Centered）へと変化してきているのです。米国病院協会の「患者の権利章典」も、2003 年には「治療におけるパートナーシップ」へと更新

されました。[15]

　日本においても 2006 年の医療法改正により、「医療の担い手は、医療を提供するにあたり、適切な説明を行い、医療を受ける者の理解を得るよう務めなければならない」としたことは、序章で紹介したとおりです。しかし、これはあくまでも医療者の立場からの説明義務であって、必ずしも患者の視点に立っての文言ではないように見えます。説明を受ける患者の抱える問題点については触れられていないからです。

　そうしたインフォームド・コンセントという考え方の問題点（医療者側からの一方的な情報提供で、患者の理解までは想定しておらず、医療者の免責としてしか機能していないのではないか、という問題点）を克服する目的で、シェアード・デシジョン・メイキングという考え方が示されてきました。医療者は専門知識や経験を、患者は「自分の価値観」をベースに互いにコミュニケーションを取りながら、一緒に治療の方法や退院後の生活などの目標を決めてゆく、というものです。健康は一方向の価値感で決まるものではなく、納得のいくゴールを目指す両者が、情報やプロセス（治療の方法や今後の生活）を共有しながら、納得したゴールへ向けて「価値を共有」し「対話」をしながら意思決定を行ってゆくというものです。そこでは患者の主体的な「価値観」が重視され、「治療しない」という選択肢すら含まれています。こうした患者の自己決定へ至る過程で、医療者の説明を理解し、示された選択肢の中から自らの価値観により選択する手助けとなるのが、様々な「情報」なのです。「情報」という言葉には、本来「判断を手助けするもの」という意味があります。

　NPO 法人ささえあい医療人権センター（COML：コムル）理事長の山口育子氏は、どのような段階のときにどのような情報が必要となるのかを、「病気が見つかった時」、「医療機関を変える時」、「慢性期に移行した時」、「終末期を迎えた時」、「同じ疾患の患者体験を知りたい時」の 5 つの段階に分けて紹介しています。[16]

　そうした情報を求めて、公共図書館へ行く人も多いでしょう。しかしながら、前節で紹介したように、現在の公共図書館における医療・健康情報サービスの量や質は、決して十分に期待に応えてくれるものではないかもしれま

せん。そこに病院にある患者図書室が果たすべき役割があります。

　具体的な役割としては、医学書やパンフレットなどを提供することにより、医療者との情報のギャップを解消するための手助けをすることです。患者が医療者の説明を受けた後、その理解を助けたり、より深めるということです。

　多くの医療者は、病名を含めて医学専門用語を交えて患者に説明するのですが、患者にとっては理解できないことも多いでしょう。特に病名を正確に記憶することは、医療者が想像する以上に難しいですし、ましてや横文字で表現される薬剤や治療の方法などにおいては、紙にでも書いて説明を受けなければ、言葉があやふやなままで受け答えをしてしまいがちになります。例えば、「足にできているのはメラノーマのステージ３でして、リンパ節への転移が見られます。手術で取り除いた後に放射線治療や薬物治療をすることになりますね」と説明されたら、どうでしょうか。患者にとって医療者にその理解できなかった部分を聞き返すことは大変に難しく、あいまいなままで診療を終えてしまいがちです。そうした場合、医学辞書や医学書を備えた図書室があれば、自分で、あるいは図書室担当の司書の助けを借りて、病名の確認やその内容、治療法や退院後の生活についての情報を得ることができることになります。これが病院にある患者図書室の最も大きな役割です。

2.3　患者図書室の現在

　患者の知る権利の広がりと同時に、病院に患者図書室が開設されるきっかけとなった要因の一つに「病院機能評価」というものがあります。これは、公益財団法人日本医療機能評価機構が 1996 年から行っているもので、医療の質を改善するための評価項目を設け、中立的、科学的・専門的な見地から病院の機能を評価するというものです。一定の水準を満たした病院は「認定病院」となり、病院の目立つ場所に認定証書を掲示しています。4 〜 5 年に一度評価を受けることが多いです。

　この評価項目は、何度か改訂されてきていますが、現在は 3rdG. Ver.3.0 というバージョンです。以前のバージョンである 2005 年の Ver.5 では、その 2.2「患者―医療者のパートナーシップ」という項目の中に「患者が医療に参加するための患者教育、患者も参加するカンファレンスを開催する、患

者のための図書室、説明を受けた上で自己決定できるための支援など」の具体的な実践方法が示されていました。ただこの部分は、2009年のVer.6では「患者が疾患について理解を深めるための手段を提供している」という表現に後退し、「患者図書室」という言葉がなくなったことは大変残念でした。現在の3rdGVer.3.0では、1.1.3という項目に「患者と診療情報を共有し、医療への患者参加を促進している」という評価項目を挙げてはいますが、具体的な表現とはなっていません。

　こうした病院機能評価を受けるために、2000年頃から病院の中に「患者図書室」を設置する病院が増えてきました。以下に写真で紹介するのは、筆者が勤務する聖隷佐倉市民病院の患者図書室「さくらプラザ」です。車いすでも利用しやすい低書架、利用者用パソコン、さらに診察待ちの患者さんのための案内ディスプレイもあります。

聖隷佐倉市民病院の患者図書室「さくらプラザ」

　患者図書室に必要なものは、
　　①病院内の患者のアクセスしやすい位置に適度のスペースの確保
　　②資料を選定し支援サービスをする人材
　　③情報を提供するための資料
　　④資料を購入するための予算
などです。この他に、インターネットによる情報収集を助けるためのパソコンや、資料をコピーして持ち帰れるようにするためのコピー機なども用意できるとよいでしょう。

　2004年の調査では、当時日本でおよそ200施設ほどの患者用図書室が開

設されていましたが、その実態は 500㎡の独立した施設に 300 ～ 400 冊の医学専門書を所蔵し、医師を含む運営委員会の支援を受けて、図書館員とボランティアにより運営されているというものでした。閲覧を中心としたサービスですが、インターネットを利用できる環境を提供しているところも多く、予算はないか、あってもごくわずかな金額でした[17]。

　その後は、患者図書室の全国的な調査は実施されておらず、全体像を把握することは難しいのですが、患者図書室の全国的な団体である全国患者図書サービス連絡会のホームページには、2021 年 12 月 10 日現在で 138 館の患者図書室がリストされています（https://kanjatosho.jp/the_list.html）。独立した部屋として設置されているばかりではなく、病院の医局（医師の控室）図書室に併設されている場合も多いので、実際の数はさらに多いものと思います。

　日本医学図書館協会では 2024 年度より、全国患者図書室実態調査の実施や、患者図書室の運営、業務、サービスに関する標準化の検討などを実施するとしています。

　医学にかかわる情報は、常に新しいものを提供したいので、資料を購入するための予算は確保したいところです。最近では、患者や一般市民向けにやさしく書かれた医学書が多数出版されていますので、それらを購入するために年間 30 ～ 50 万円程度は用意したいのですが、現状ではお金のかからない寄贈本に頼ることも多く、そうなると情報が偏る可能性もあるので、できるだけ避けたいところではあります。また、司書を配置することは人材確保や予算の面からも難しく、ボランティアのみで運営されている図書室もたくさんあるのが現状です。さらに 2020 年春以降は、新型コロナウイルス感染症の蔓延で、感染予防のため患者図書室を閉めているところも多くありました。

　病院内では、患者は緊張を強いられ、強いストレスを感じるものです。そのため、病院の雰囲気とは違う、ほっと一息つける場所が病院内にあるとよいかもしれません。患者図書室がその役割を果たすことができるような場所にすることもできるでしょう。肩の凝らない本や雑誌、給水機などがあってもよいでしょう。病院の中には意外に薬の飲める場所がありません。薬を飲むためのお水があるといいですね。温かいお茶などの飲める場所があると、一息つくことができで本当にありがたいでしょう。また、静かに音楽が流れ

ているのもいいでしょう。特におすすめしたいのはバロック音楽です。バロック音楽は音の強弱が少なく、静かに流れる BGM としては最適です。

　病院や図書館には様々な人々が集まりますが、病院（病気）と図書館（情報）という二つのキーワードの交わるところに、患者図書室の新しい姿が見えてきます。そこでは情報の提供というサービスが行われるのですが、もちろん一つの図書館でできることは限られています。厚生労働省の進める地域包括ケアシステムでは、地域の中での住民の健康維持が重要なテーマですが、その中で、地域にある大学図書館や公共図書館、さらには病院にある医療者向けの図書館などとの連携が重要となります。病院では用意できないような専門的な情報は、大学の医学部図書館や病院図書館から提供を受けたり、公共図書館からは長期にわたって入院している患者のために団体貸出で一般書などを提供していただくことができるでしょう。

　患者の意向に関する社会的環境は、日々変化しつつあります。したがってシェアード・デシジョン・メイキングのような新しい言葉や概念が次々と登場してきています。それは医療における患者の立場が、医療を受けるという受動的な立場から、自分の受ける診療については医療者の説明を受け、治療などの選択肢を提示されたうえで、自分で知識を得、自分で判断し、自分で決める、という方向に大きく動いていることと関わっています。そうした変化する環境の中で、患者図書室の役割を考えてゆくことが大切になります。

3　大学図書館

3.1　大学図書館って敷居が高いよね！　いや、ちょっと待って！

　2021 年 5 月 1 日に、大阪府箕面市に大阪大学外国学図書館と箕面市立図書館が一つになった箕面市立船場図書館が開館し、大きな話題となりました。大阪大学という国立大学が、箕面市立図書館の運営を請け負い、大阪大学附属図書館の一つである外国学図書館と一体として建築し運営するものです。

　多くの方たちは、ご自分が大学生であったころを除いては、大学図書館という場所とは縁が遠くなってしまったのではないでしょうか。ところが、大学図書館には多くの情報が蓄えられています。医療・健康情報についてもし

かりです。本章の１項で紹介しましたとおり、近くの公共図書館には医療・健康情報についての専門的で信頼のおける情報はあまり多くはありません。患者図書室のある病院も多くはありません。しかし、大学図書館には専門的な情報が数多く集められています。ここでは、大学図書館を利用するためのいくつかの方法を紹介したいと思います。

　大学は「学問の府」であり「象牙の塔」であり、一般の市民にとってはちょっとどころか大変に敷居が高い場所と思われています。ましてや、広くて暗くてたくさんの本が並んでいる書庫などには、とても入る気にはならないかもしれません。

　1993年11月19日に朝日新聞の投書欄である「声」に、仙台の39歳高校教員の方が「大学図書館の一般公開を望む」と題して次のような投書をしています。

　「私の住む県内には二つの国立大学があるが、一般利用者には開放されていない。また蔵書数の多い県立図書館が閉架式なので、目録カードで探すほかない不便さを強いられている。大学図書館や公立図書館の閉鎖性が日本には今もあり、結果的にそれが市民の文化活動意欲をそぐ一因となったり、生涯学習へのささやかな芽を摘むことになってはいないだろうか。保管に力点を置かざるを得ない実情はわかるが、そのために資料はどれほど活用されているのだろうか。大学図書館や公立図書館の、市民への一層の開放を望みたい」。

　確かに1992年の日本図書館協会の調査では、国立大学中央図書館では74％、私立大学では31％の公開率にとどまり、都市部より図書館の少ない地方での公開率が高いという傾向が見られました。しかし、こうした状況は、現在では大きく改善されています。

　ところで、日本にどのくらいの数の大学図書館があるのかをご存じでしょうか。国立大学が86、県立などの公立大学が98、私立大学が625、合わせて809の大学があります。これらの大学には、大学設置基準の第36条や第38条に基づいて図書館が設置されています。その蔵書数は全体で3億3600万冊、所蔵している雑誌は440万種に上ります。この中で医学部は全国に81大学（国立42、公立8、私立31、これに加えて防衛医科大学校があるので、

実際には 82 大学）があり、それぞれに医学専門の図書館があります。医学部図書館や医学情報センターなどと名付けられています。

　こんなにたくさんある大学図書館の多くは、実は一般市民でも利用できるのです。「生涯学習」や「開かれた大学」が謳われてきた 2000 年前後から、大学の図書館は急速に市民への公開へと舵を切り始めました。中でも国立大学（現在は国立大学法人という独立した法人）は、「国民の税金」で運営されているのだから国民へ公開するべきである、ということから誰でもが利用できる仕組みになっています。2004 年の大学図書館実態調査では、国立大学では 87 大学の全ての図書館が何らかの形で市民へのサービスを行っています。公立大学では 77 大学中 74 大学（96％）、私立大学では 544 大学中 491 大学（90％）で市民が利用できることになっています。[19] 利用できるサービスの内容としては、館内閲覧（100％）、複写（96％）、情報検索（79％）、レファレンス（64％）、館外貸出（56％）となっています。図書館の中で本を探して、読んで、必要な部分をコピーして持ち帰る、という感じの利用でしょうか。

　ここで紹介した大学の数が、先に紹介した大学の数と微妙に違っているのは、先に紹介した数字は 2021 年の統計で、この時の調査名称は文部科学省が毎年実施している「学術情報基盤実態調査」という、どちらかというと大学図書館における情報環境整備の状況などが調査項目の中心となっており、後で紹介した数字は学術情報基盤実態調査の前身である「大学図書館実態調査」の数字なのです。「学術情報基盤実態調査」では大学図書館の公開に関する調査項目がなくなりましたので、少し古いのですが 2004 年の数字で紹介することしかできないので、現在の状況は少し変わってきているのかもしれません。そのあたりは、後半で紹介します。

　こうした大学図書館の市民への公開のきっかけとなったのは、1986 年に出された国立大学図書館協議会の「国立大学図書館における公開サービスに関する当面の方策について―大学図書館の公開に関する調査研究班報告―」であったといわれています。[20] この報告書では、「大学図書館の公開とは、一般市民及び民間機関等の研究者に対して、図書館資料の閲覧など一定の図書館サービスを提供することを意味している」としています。今から見ると、当

たり前のことなのですが、当時の大学は「不可侵」の領域だったのです。し
かも大学により多少の違いはあっても、公開にはいくつもの条件が付いてい
ていました。施設が狭かったり、図書館員数が少ないという制約もあり、や
むを得ない面もあるのですが、「学内利用者が優先で、教員や学生の利用に支
障がないこと、例えば学生の試験期間中は利用できません」、「公共図書館の
代わりではないので、その図書館にしかないユニークな所蔵資料などの利用
が中心で、小説などは公共図書館で借りてね」、などの前提に加えて、公共図
書館からの紹介状とか、大学図書館長の許可とか、閲覧は許可するけど貸出
しはしないよ、などの様々な条件がありました。さらに、土・日・祝日はお
おむね閉館であったのも公共図書館とは大きく違う点でした。私立の早稲田
大学図書館のウェブサイトには、はっきりと次のように書かれています。

「早稲田大学図書館は一般公開しておりません。調査研究のために早稲田
大学図書館で所蔵する特定の資料、他の図書館にはない資料の利用等を希望
される方に限り、ご利用をお認めしています。また、個人からの所蔵確認や
利用についてのお問い合わせもお受けしておりません。ご所属の大学・機関
の図書館、または公共図書館を通じてお問い合わせください（https://www.
waseda.jp/library/user/visitors/）」

ここまではっきりといわれると、逆にすっきりした気持ちにもなります。
こうした状況に変化をもたらしたものは「生涯学習社会」、「地域情報化」、
「開かれた大学」というような「外圧」であったと、大串夏身氏は述べてい
ます。また、最近公表された内閣府の生涯学習に関する世論調査（令和4年
7月調査）でも、「問6　あなたは、これから学習するとした場合、どのよう
な場所や形態で学習したいと思いますか」という質問に対して24.2％の方
が「図書館、博物館、美術館」と回答していますし、また、「問13　今後社
会人として学校で学び直す場合どこでの講座が開講されると学習しやすい
ですか」では、図書館や公民館などの社会教育施設と回答した割合が、イン
ターネット（58.5％）に次ぐ46.8％でした。

3.2　大学医学部図書館は利用できるの？

市民に公開している多くの大学図書館の中でも、医療・健康情報を調べる

のに適した図書館として大学の医学部図書館があります。もちろん医学の専門図書館ですから、医療・健康情報についても多くの本や学術雑誌などの資料を持っています。日本医学図書館協会加盟館の統計には、市民への公開についても調査項目がありますので、そこから実際にどのよ

日本医学図書館協会会員のうち 大学図書館の市民向けサービス		
会員数　99 館　(2017 年統計)		
館内閲覧	70 館	70.7%
館外貸出	30 館	30.3%
館内での複写	68 館	68.7%
情報検索	43 館	43.4%
レファレンス	40 館	40.4%

うな公開サービスが行われているのかを表にまとめてみました。大変に申し訳ないのですが、最新のデータではなく少し古い 2017 年のデータでの紹介です。図書館の数が医学部の 82 館より多くなっているのは、看護や医療系の大学図書館も含まれているためです。また、日本国内の全ての医学部図書館が日本医学図書館協会の会員となっている訳ではありません。

　このように、医学図書館における公開や利用内容の割合は、大学図書館全体の統計数字より少し低くなっています。これはおそらく医学という専門分野の比較的狭い主題を扱っているためではないかと思います。利用を希望する一般市民にも「医学情報」という縛りがあるためでしょうか、気軽に利用するという感じではなく、医学情報を調べるというはっきりとした目的のある方へのサービスを行いますよ、ということなのかもしれません。

　それでも 70％の大学医学部などの医療系の大学図書館が市民の利用を認めています。

　例として、浜松医科大学附属図書館のホームページにある、一般利用者向けの案内を紹介します。

　こちらでも、閲覧と複写はできますが、貸出はできません。しかし、実は浜松医科大学附属図書館で所蔵している本を借りることができるのです。「利用サービス」の「資料の貸出」の部分に、他の図書館を通してだったら貸出しできます、と書かれているのです。これは大学図書館の大きな特徴の一つで、「相互協力」のネットワークがしっかりとできあがっているためなのです。

3.3 大学図書館へ行かなくとも情報が得られる――相互協力のネットワーク

大学図書館では、全国の大学図書館が参加する共同分担目録作業といわれる目録作業が行われていて、その結果として「総合目録」が構築されています。それは NACSIS/CAT（ナクシス・キャット）と呼ばれています。「総合目録」ですから、自分の探している本や雑誌が、全国のどこの大学図書館にあるのかがたちどころにわかります。もちろん、総合目録を調べるためには、この相互協力ネットワークに参加していなければいけないのですが、一般市民へ公開されている仕組みとして CiNii Research（https://cir.nii.ac.jp/）というオンライン・データベースも用意されていて、本ばかりではなく、学術雑誌に掲載された論文や学位論文なども一緒に探すことができます。利用の方法については第 4 章で紹介します。

公共図書館にも総合目録のように、どこの図書館で持っているのかを探すことのできるカーリル（https://calil.jp/）というサービスがありますが、これは「横断検索」といって、参加している図書館の所蔵目録を横断的に検索しているもので、「総合目録」とは仕組みが少し違います。

NACIS/CAT という総合目録を使って、探している本がどこの図書館にあるのかがわかったら、次にその大学図書館から借りるための仕組みもあります。NACSIS/ILL（ナクシス・アイエルエル）と呼ばれているもので、ILL は Inter-Library Loan の省略形です。図書館間相互貸借という意味です。図書館同士でお互いに貸したり借りたりすることのできる仕組みです。そして、このネットワークには大学図書館ばかりではなく、県立や政令指定都市の公立図書館も参加できるのです。[23] 2022 年現在、国外も含めて 1341 館が参加していますが、中には東京都立中央図書館、神戸市立中央図書館など合わせて 32 の公立図書館が参加しています。参加のための規則があって、公共図書館には少しハードルが高いのが残念ですが、入口は開かれています。直接大学図書館へ行くのもいいのですが、もし入口で断わられたら近所の公共図書館で相談してみてください。「調べたらこの大学図書館にあるので借りてください」ということですね。もちろん公共図書館ですと、国立国会図書館から借りる、ということもできますので、何とかして手に入れることができるでしょう。国立国会図書館からは本を借りるばかりではなく、学術雑誌に掲

載された論文のコピーも入手できます。

　ここで私の経験を少し紹介します。私が自宅近くの市立図書館で仕事をしていた時に、ある市民の方から日本アレルギー学会の機関誌である「アレルギー」という学術雑誌に掲載されている論文を読みたいので何とかコピーを取り寄せてくれないか、という依頼がありました。私が直接担当した訳ではありませんでしたが、結局は県立図書館へ依頼したようです。第4章で紹介したいと思いますが、現在では内容の難しい学術論文であっても、誰でもが調べられる文献データベースがいくつもありますので、このような専門的な学術雑誌に掲載された論文でも手に入れて読むことができる（オープンアクセスといいます）のです。この場合、今でしたら直接大学図書館へコピーを依頼することもできたかもしれません。このエピソードはこの章の引用文献23でも紹介しています。

3.4　大学図書館ではコピーは自由にとれるのか？

　市民も利用できる近くの大学図書館へ行きました。今は入口ゲートがあって、誰でも自由に出入りできるようにはなっていないところも多いので、ゲートの前で近くのカウンターにいる図書館員に声をかけて中に入れてもらいます。もちろん、事前に連絡しておけばスムーズでしょう。

　本は分類番号順に、雑誌は大学でしたら大抵はアルファベット順に並んでいます。本章1項で、公共図書館でよく使われている日本十進分類法では、医学に関する本は49の書架に並んでいますよ、と紹介いたしました。大学医学部図書館では、米国国立医学図書館分類法で分類されている所が多いので、並んでいる順番は日本十進分類法とは異なります。目指す本や雑誌を見つけるのは結構大変ですので、図書館員に尋ねましょう。特定の本を探している場合には、図書館員に尋ねれば大抵はすぐに見つかります。しかし、「医師に逆流性食道炎と言われたのですが、治療法について調べたい」というような場合でしたら、専門的なレファレンス（参考調査）の担当者による手助けを必要とします。日本医学図書館協会の統計でも、40％の医学図書館がこうしたレファレンスサービスを行っていますので、ここは遠慮なく尋ねてみましょう。

1時間か2時間後にはかなりの数の情報が集まっていると思います。ただ、多くの図書館では学外者（一般市民）への貸出はしていません。そこで、必要な部分をコピーして持ち帰ることになります。このコピーというサービスが、結構厄介かもしれません。これは公共図書館でも同じなのですが、著作権法を守ってコピーをとるということが原則になります。まずコピーをしても良い図書館や、コピーのできる分量などは、著作権法第31条で定められています。公共図書館や大学図書館はコピーのできる図書館に含まれていますので大丈夫です。

　次にコピーできる量ですが、これはおおよそ半分の量までとなります。例えば本1冊まるごとのコピーは、特定の理由や目的がなければ認められていません。そこで、おおよそ半分まで、ということになるのです。雑誌論文の場合は1編の論文は雑誌の一部分ですので、1論文の全体をコピーすることはできます。ただし最新号はコピーできません。大抵は次の号が出版されるか、一定程度の期間を置いた後でコピーができるようになります。月刊雑誌でしたら、翌月に次の号が出たらそれまでの号はコピーしても良い、ということになります。季刊や半年刊の場合には大体3か月ぐらい経過するとコピーすることができるようになるでしょうか。厳密にいうと新聞も今日（発行当日）の記事はコピーができません。前日までの新聞ならOKという具合です。

　コピーできるのは1部（1セット）だけで、複数部数のコピーは許されてはいません。他の人の分も含めて一度に何部もコピーできないのです。誰がコピーをとるのか、というのも問題となる場合があります。以前は図書館員がコピーして利用者に渡していることも多くありました。現在はセルフコピーといって、自動販売機のようなコインボックスへお金を入れてから自分でコピーをとりますが、その前に申込書のような書類を書かなければなりません。利用者の名前などの他に、コピーする本や雑誌の名前やページなども詳しく書きます。誓約書を書かなければいけない場合もあります。また、図書館の側にはそのコピー機を管理する人間が必要であると決められています。その管理者には、文化庁の主催する図書館等職員著作権実務講習会を受けることが求められています。

このような細かな手順は、著作権法には規定されていませんので、各大学図書館では自分の図書館での適用規則を決めています。したがって、大学により多少の違いがあります。ただ、基本的には多くの大学では、国公私立大学図書館協力委員会が話し合って合意した「実務要綱」によって運営しています（https://www.janul.jp/j/documents/coop/yoko.pdf）。

こうしたいくつかの条件を満たして、ようやく目指す本の必要な部分のコピーを持って家に帰ることができました。

3.5　公共図書館と大学図書館の地域連携

医療・健康情報に限らず、情報を探して手に入れるためのキーワードは「地域」であると思います。「日本全国」でも「世界」でもいいのですが、やはり身近なところですぐに手に入るのがベストです。もちろん今の時代は、世界中のどこかの図書館で持っていれば大抵のものは手に入ります。国際的なネットワークも作られているからです。世界中の大学や研究機関などの参加している World Cat（https://www.worldcat.org/ja）という総合目録もあります。私も、あるフランスの雑誌に掲載された論文をモロッコの図書館員の方に送っていただいたことがあります。でも、近くの図書館で手に入ったらなおいいですよね。

大学の医学部図書館が地域の公共図書館と連携して、情報提供（情報共有）サービスをしている例を紹介します。愛知医科大学総合学術センターが、同じ愛知県内の尾張旭市立図書館、瀬戸市立図書館、長久手市中央図書館、日進市立図書館と連携協力して

- ・医療・健康について、最新で信頼できる内容がわかりやすく解説されている図書の提供
- ・病気や症状についての「調べ方ガイド」を共同作成
- ・医療・健康について楽しく学べるイベントを開催
- ・医療・健康情報に強い地域づくりを目指した、図書館職員による連絡会を定期的に実施

という「めりーらいん」と名付けられた活動をしています。[24]

　この他にも、京都では京都府内の公共図書館と京都大学などが連携して相互に本の貸出提供をしている例（https://www.kulib.kyoto-u.ac.jp/mainlib/service/kyotoprefectureill）や、つくば市立中央図書館と筑波大学附属図書館との間の連携の例（https://www.tulips.tsukuba.ac.jp/lib/ja/information/20210730）、山口県周南市の周南公立大学図書館と周南市立図書館（https://shunan-library.jp/daigakutoshokan.html）などの例があります。いずれも本を取り寄せて貸出する無料のサービスです。

　最初に紹介した大阪大学と箕面市立図書館のように、「地域連携」は大学図書館にとっても今後の重要な課題となっています。

　先日私の Facebook のお友達のある方（もちろん勉強熱心な一般市民）が、図書館入口の写真付きでこんな投稿をしました。

　「阪大図書館生命科学館に行った。医学関係の研究誌を読みたいと思っていたんだが……今は予約すれば入れるってことを知ったので、それで先週予約し入館♪　いろいろ調べることができて良かった。でも私にはちょっと難しかったかも？　阪大には 4 つの図書館があるけど、やっぱり医学部ってことで……なんとなく権威の象徴みたいな入口だ」

　実は、大阪大学生命科学図書館の入口にはギリシャ神殿に見られるエンタシスと呼ばれる柱が並んでいるのですが、これが一般市民には敷居が高く見えるのかもしれません。しかし正直な感想だと思います。でも、チャレンジしてみると案外楽しい場所かもしれません。

　大学図書館へ行く前に、自分の求める情報があるかどうかや、ウェブサイトにある「利用案内」は必ず読みましょう。

〈引用文献〉
1) 「地域の情報ハブとしての図書館──課題解決型の図書館を目指して──」図書館をハブとしたネットワークの在り方に関する研究会 2005.1（https://www.mext.go.jp/a_menu/shougai/tosho/houkoku/05091401/all.pdf）
2) 「公立図書館における課題解決支援サービスに関する報告書 2015 年度（平成 27 年度）」全国公共図書館協会 2016（https://www.library.metro.tokyo.lg.jp/pdf/zenkouto/pdf/2015all.pdf）
3) 杉江典子「わが国の公共図書館による健康情報提供に関する実態調査」『現代の図書館』43巻 4 号、2005 年、p.183-192

4) 東邦大学医療センター大森病院「からだのとしょしつ」収書マニュアル（https://www.mnc.toho-u.ac.jp/mmc/karada/about.php#nav4）

5) 中山康子「公共図書館での健康情報サービスの発展をめざして」、大串夏身編著『課題解決型サービスの創造と展開』p.91-121（青弓社、2008）

6) 「ルポ患者たちの図書室」『小説新潮』2022年9月号、p.66-77（新潮社）

7) 三谷三恵子、赤堀美和子、遠藤泉「慶應義塾大学病院「健康情報ひろば」サービスの紹介」『薬学図書館』2019、64巻1号、p.2-6

8) 及川はるみ「病院来院者への医療情報支援──聖路加国際病院の事例を中心に」『薬学図書館』2007、52巻3号、p.226-233

9) 菊池佑「病院図書館の歴史」菊池佑、菅原勲編著『患者と図書館』p.1-45（明窓社、1983）

10) 山口直比古「患者図書サービスの歴史」『全国患者図書サービス連絡会会報』2019、25巻2号、p.6-9

11) 中山健夫「健康情報学への招待」『呼吸と循環』2015年、63巻12号、p.1183-1189

12) アメリカ病院協会「患者の権利章典　1973（日本語訳）」（https://cellbank.nibiohn.go.jp/legacy/information/ethics/patrights.htm）

13) 峯田周幸「インフォームド・コンセントの基本的な考え方と実践」『MB ENTONI』2014、163号、p.1-6

14) 中山健夫『これから始める！シェアード・ディシジョンメイキング──新しい医療のコミュニケーション』（日本医事新報社、2017）

15) 大野博「アメリカ病院協会の『患者の権利章典』の変化とその特徴──権利の宣言からパートナーシップへ」『医療と社会』2011、21巻3号、p.309-323

16) 山口育子「患者の求める情報をどう体系化するか」『病院』2012、71巻4号、p.277-280

17) 山口直比古、他「患者図書室実態調査報告2005」厚生労働省科学研究費補助金（医療技術総合研究事業）患者・家族のための良質な保険医療情報の評価・統合・提供方法に関する調査研究（主任研究者：緒方裕光）p.17-31

18) 文部科学省「学術情報基盤実態調査（旧大学図書館実態調査）──令和3年度結果の概要」（https://www.mext.go.jp/b_menu/toukei/chousa01/jouhoukiban/kekka/k_detail/1418394_00003.html）

19) 文部科学省「平成16年度大学図書館実態調査結果報告」（https://www.mext.go.jp/b_menu/toukei/001/index20_16.htm）

20) 国立大学図書館協議会「国立大学図書館における公開サービスに関する当面の方策について──大学図書館の公開に関する調査研究班報告」、国立大学図書館協議会編『大学図書館研究』1986、29号、p.99-105

21) 大串夏身「大学図書館の開放を考える1 開放を阻むものは何か」、ず・ぼん編集委員会『ず・ぼん4［特集］どうする、どうなる？　大学図書館』1997（ポット出版）（https://www.pot.co.jp/zu-bon/zu-04/）

22) 内閣府政府広報室「生涯学習に関する世論調査」の概要2022（https://survey.gov-online.go.jp/r04/r04-gakushu/gairyaku.pdf）

23) 山口直比古「エピソードで綴るILL」『医学図書館』2018、65巻4号、p.214-220

24) 市川美智子「愛知医科大学と公共図書館の連携による地域貢献──めりーらいん健康支援事業」、国立大学図書館協議会編『大学図書館研究』2013、99号、p.14-23

コラム

【コラム1】

診療ガイドライン

　本文の序章で紹介したように、患者と医師（医療者）の関係は変わってきています。それは、患者は医者のいう事を聞いていれば良いという「父権主義」の考え方から、患者を中心とする考え方へ変化してきているということで、さらに医療（診断や治療）そのものも医師の経験に基づく医療から「科学的に根拠のある」医療へと変化してきていることが背景にあります。この「科学的根拠」という考え方は1990年代の初めころに提唱され、現在では世界中で行われている医療の根幹をなすものとなっています。

診療ガイドラインって何？

　それを形に表しているものが「診療ガイドライン」と呼ばれているものです。ガイドラインですから「手引き」です。患者がこんな状態の時には、このように手当てするのが最も適切だ、ということを示しているものです。「標準治療」と呼ばれることもあります。日本の診療ガイドラインを作成から公開までサポートしている公益財団法人日本医療機能評価機構（通称Minds；マインズ）では次のように定義しています。「健康に関する重要な課題について、医療利用者と提供者の意思決定を支援するために、システマティックレビューによりエビデンス総体を評価し、益と害のバランスを勘案して、最適と考えられる推奨を提示する文書」（Minds診療ガイドライン作成マニュアル編集委員会．Minds診療ガイドライン作成マニュアル2020 ver.3.0．公益財団法人日本医療機能評価機構EBM医療情報部．2021．3頁）（https://minds.jcqhc.or.jp/cpg/about-cpg/definition/）

誰が作っているの？

　日本では1998年に当時の厚生省の「医療技術評価推進検討会」での決定を受けて、患者数の多い主要な47の病気について診療ガイドラインがつくられ始めました。続けて多くの病気の診療ガイドラインが作られ始めます。医学の進歩

は日進月歩ですので、3 ～ 5 年ごとに改訂されることが多く、例えば「膵癌診療ガイドライン」は、2006 年版が最初でしたが、その後 2009 年版、2013 年版、2016 年版、2019 年版、2022 年版と改訂を重ね、2024 年現在では 2025 年版が作成されています。

　診療ガイドラインは、基本的には医療者向けに医師によって作成されているので、内容も専門的なものです。しかし、医療には多くの利害関係者（ステークホルダーと呼ばれています）がいます。そうした利害関係者が診療ガイドライン作成に加わってゆくという動きがあります。その結果、現在ではいくつかの診療ガイドラインでは（多くはありません が）患者も参加しています。[1] 最初は、その病気の患者である医師が参加するなどの例もありましたが、現在では患者会などに協力を依頼し、ガイドライン作成委員として参加する例もあります。膵癌診療ガイドラインではガイドライン作成に患者も参加し、患者目線のクリニカルクエスチョンも作られています。また、「がんのリハビリテーション診療ガイドライン」では、医師や患者の他に理学療法士、作業療法士、言語聴覚士、看護師なども参加し、多職種連携と呼ばれるチームで作成しています。もちろん図書館員も参加します。第 7 章でレファレンスサービスの紹介をしていますが、図書館員は情報を探す「調べもの」の専門家として参加し文献検索を担当しています。

どんな内容なの？

　多くの診療ガイドラインは「クリニカルクエスチョン（臨床的な疑問）」に答えるという形をとっています。例えば「胃癌治療ガイドライン 2021 年改訂版」では、「高齢者に対する胃癌の内視鏡的切除は推奨されるか？」というクエスチョンに対して、「治療に伴う偶発症リスク（特に肺炎）に留意したうえで、実施することを強く推奨する」という具合に推奨するかしないかを示し、その根拠となるエビデンスの強さも書かれています。さらに続けて「解説」が書かれ、その中で強く推奨する根拠となった理由や情報源について詳しく記しています。一般的にはこのようなスタイルをとることが多くなっています。

　第 2 章の 1.3 でも紹介しているように、患者や一般市民にもわかりやすく解説したものも作成されるようになってきています。その数は次第に増えてきています。

コラム

診療ガイドラインはどうしたら使えるの？

　診療ガイドラインの持つ公共性から、インターネットでの公開も進んでいます。先ほど紹介したマインズのガイドラインライブラリ（https://minds.jcqhc.or.jp/）でも利用できます。また、東邦大学と医中誌刊行会が協力して作成している診療ガイドライン情報データベース（https://guideline.jamas.or.jp/）では、2024年5月末までの総数は5124件（改訂された旧版も含む）の診療ガイドラインがリストされ、それらの多くはインターネットで公開されている情報へリンクが付けられていますので、すぐに読むことができるようになっています。『日常診療に活かす診療ガイドライン UP-TO-DATE 2024-2025』（メディカルビュー社、2024）には19領域、175疾患、265種類の診療ガイドラインがリストされています。

　紙に印刷され、出版社から出版されている診療ガイドラインもたくさんあります。ただし、やはり多くの人に利用していただきたい、という理由から値段も2000円〜3000円程度と比較的安価に設定されています。

　このように、現在の医療には欠かせない情報源ですので、ぜひとも公共図書館では書架に揃えておいていただきたいです。またインターネットでも利用できますので、患者にとっては信頼のおける情報源となっています。

〈引用文献〉
1）江口成美「診療ガイドラインをめぐる医療者と患者市民の協働に向けて」『医学のあゆみ』2019、271巻6号、p.620-624

第3章　図書館へ行かなくとも探せる情報
インターネットで検索する

　自分や家族の体調が悪い時には、その原因や対処法などについて多くの方はスマホやパソコンで検索サイトから検索するのではないかと思います。

　NTTモバイル社会研究所の2024年の調査では、スマホ所有者の約7割が毎日インターネットで情報検索や調べものをしているという結果でした。[1)]

　医療・健康情報についても、2017年に3000人を対象として行われた「健康・医療に関する意識調査」では、どのような方法で調べているのかという質問に対しての回答は、下のグラフのように「検索サイト」というのがダントツ1位の77.5％で、2位の「医師等の専門家に聞く」の30.2％を大きく引き離していました。

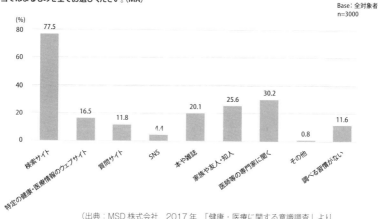

（出典：MSD株式会社　2017年　「健康・医療に関する意識調査」より
https://prtimes.jp/main/html/rd/p/000000001.000030129.html）

　しかし、その反面で信頼性には疑問も感じているようでした。同じ調査の

中でウェブサイトの信頼性についても尋ねています。

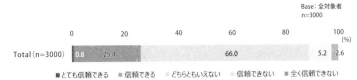

(出典：MSD 株式会社　2017年　「健康・医療に関する意識調査」より
https://prtimes.jp/main/html/rd/p/000000001.000030129.html)

　信頼できると考えている人は全体の4分の1程度で、多くの人はどちらともいえないと感じています。このように、多少の不安は抱きながらも「ネットで調べる」というのが一般的な方法であるといえるようです。
　その時にどのような「言葉」で調べるでしょうか。検索に使用する「言葉」（ここでは「キーワード」と呼ぶことにします）によって、得られる結果は大きく違ってきます。まず検索する前に、医学の世界で用いられている言葉、つまり「医学用語」について少し知っておくと、上手に情報を探せるかもしれませんよ、ということです。でもその前にまずインターネット上にある情報の特徴についてみてみましょう。

1　インターネット上にある情報の特徴

　インターネット上にある情報の特徴を一言で言い表すなら、「玉石混交（淆）」という言葉がぴったりです。「玉」は価値のある宝、「石」はそこいらの地面に転がっている石で、取り立てて価値のあるものではないということで、これらが一緒くたに混じり合っている状態をいいます。またそこには正しくない情報や悪意のあるデマ情報も混じっている、ということです。医療や健康に関する情報は、自分や家族の健康などに深くかかわりますので、誤っている情報はぜひとも避けたいところです。
　もう一つの大きな特徴は、「自分に都合の良い情報」しか出てこない、と

いうことです。インターネットで情報を調べるということは、実際には Google などの「検索エンジン」を使っているのですが、この検索エンジンには学習するという能力があり、あなたが検索に使用したキーワードを記憶し、前回の検索であなたが用いたキーワードによる検索の結果に寄せて今回の検索結果を示してくる、というような仕組みで動いているということです。そのことを心理学の世界では「確証バイアス」といいます。自分を支持する、あるいは肯定する情報ばかりを集めて信じてしまう、ということを意味しています。「バイアス」とは「偏り」のことをいいます。つまり、公平とか公正とか中立とかではなく、ある特定の方向へ寄っているということで、それ自体は悪いことではありません。誰しも自分が正しいと信じる方向へ向かうことは理にかなっています。しかし、インターネットの世界にはもう少し違う力が　働いてしまうことがあります。

　ここでは、エコー・チェンバーとフィルター・バブルと呼ばれる現象を紹介したいと思います。

　エコー・チェンバー（Echo Chamber）現象とは、小さな部屋（Chamber）の中でこだまが返ってくるように、同じようなニュースや情報、個人の意見などが返ってくるような状況を言い表しています。この小部屋の中にいると、いつも同じような情報しか入ってきませんので、いつしかその情報が全てで、かつ正しい情報である、と思い込んでしまいます。新型コロナウイルスワクチンに反対する意見の中には、根拠のない情報に基づくものも多く見られた、というような現象です。

　フィルター・バブル（Filter Bubble）現象は、エコー・チェンバー現象と似ているのですが、Google などの検索エンジンが、前回調べたキーワードに寄せて、「あなたに必要なのはこんな情報ですよ」と知らせてくるような状態のことをいいます。コンピュータ（検索エンジン）は、あなたの検索を学習してお勧め情報を提供してくるのです。インターネットの世界で表示される広告はその良い例で、利用者の興味に合わせて表示される検索連動型広告と呼ばれるものがあります。例えばアマゾンで本を買うと、次回アマゾンにアクセスした時に、画面の下にあなたへのお勧めの本がズラッとリストされるような現象です。フィルター・バブル現象は、泡の中にいるような、

囲まれた閉ざされた空間の中でフィルターにかけられた情報だけがやってくる、という現象です。インターネットの世界には無数情報が玉石混交の状態で存在しています。その中から自分の求める情報をリストアップさせるには、ある程度のフィルターは必要です。Google では基本的に「適合度順」に情報がリストアップすることで、そのことを実現・提供しています。しかし、この「適合度順」に並べることによって漏れ落ちてしまう情報もたくさんあるのです。

これらの現象は「情報のパーソナライズ」とも呼ばれています。「自分の見たい情報だけを見ることができる」というような状況です。これがインターネット上にある情報を探す際の特徴であることを、まず知っておく必要があるでしょう。

2　医学用語——検索する前に知っておきたい医学の言葉の仕組み

2020 年春、日本でも新型コロナウイルス感染症が蔓延し、私たちの日常生活にも大きな影響を及ぼしました。そうした中で、一躍有名になった言葉に「PCR」があります。新型コロナウイルスに感染しているかどうかを知るための検査方法の名前です。この「PCR」という言葉は、なんとなく英語の略語のように見えますが、マスコミなどでもあまり詳しくは説明されませんでした。ですから、多くの方は新型コロナウイルス感染症の検査方法だと思っているのではないでしょうか。しかし、本当の意味は少し違います。

「PCR」は Polymerase Chain Reaction（ポリメラーゼ連鎖反応）の略語で、遺伝子である DNA や RNA の元になっているポリメラーゼという酵素を増やしてその量を測る方法です。酵素の量が増えて測りやすくなりますので、遺伝子の研究には欠かせない検査方法で、遺伝子鑑定や親子鑑定などにも応用されています。このように、とても便利で応用範囲の広い検査方法ですので、1993 年には開発者であるアメリカの生化学者キャリー・マリス氏にノーベル化学賞が与えられています。

PCR の他にも、ワクチンの mRNA（メッセンジャーアールエヌエー）や追加接種のブースター接種、集団感染のクラスターなど、新しい医学用語がた

くさん登場しました。三密やソーシャルディスタンスなどは、必ずしも医学用語とはいえないかもしれませんが、医学用語もまた社会の動きを反映して変化を続けています。

　医学用語は専門用語です。どんな専門分野にも、その分野にいる人にしか通じない専門用語といわれる言葉があります。私たち図書館員の世界にも、図書館員にしか通じない言葉がたくさんあります。第2章で紹介した、公共図書館で本を並べる順番を表わす分類記号も、私たち図書館員には「NDC（エヌディーシー）」で通用します。その図書館で持っている本をパソコンで調べる OPAC（オーパック）という言葉は、図書館のウェブサイトで検索できますのでだいぶ知られるようになってきていますが、そのデータの元になっている MARC（マーク）という言葉を知っている人はほとんどいないと思います。専門用語にはそのような面があります。

　医学用語も同じで、専門用語、業界用語、スラング、隠語に満ち溢れています。元をたどれば、古くは中国医学に由来する言葉、江戸時代末期にやってきたオランダ医学（蘭学）に由来する言葉（『解体新書』で翻訳された解剖学や臓器などの名前など）、明治時代に日本の近代医学の元となったドイツ語（カルテ、カテーテル、ギプス、アレルギーなど）、そして第二次世界大戦後はアメリカ医学が世界をリードし、英語が医学用語の主流となりました。今では、その英語から日本語へと翻訳された言葉が数多く使われています。そうした中で、患者が診察を受けて医師から病気の状態や治療方法の説明を

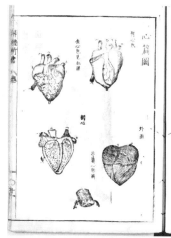
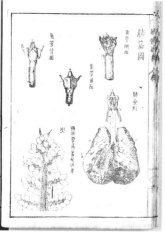

『解体新書』第4巻の図（国立国会図書館デジタルコレクションより）

受ける際に、説明で使われている言葉が難しくてよく理解できない、という
気持ちを抱くことは多いと思います。

　医学用語の特徴は、まず「言葉が難しい」ということが挙げられます。
例えば、震えることを「振戦」と言います。同じ震えでも、発熱からくるも
のでは「悪寒」や「戦慄」という言葉もあります。他にも床ずれは「褥瘡」、
水や食べ物などを飲みこむことを「嚥下」と言います。クリニカル・パス
（今後の検査や治療のスケジュール表で、患者一人ひとりに対してつくられる）
というような外来語やPCRのような英語の略語なども使われています。日
常使われる言葉をわざわざ秘儀的（秘密めかして）に衒学的（ひけらかすこ
と）にあえて難しい言葉を使い、医学という学問分野の専門性を際立たせて
いるのだ、という見方をされることもあります。専門分野には有りがちな傾
向です。現在では、こうした言葉をやさしく言い換えることも行われていま
す。このことは後ほど少し紹介します。

　また一般に使用される言葉の意味と、医師が用いる場合の意味とで異なる
場合もあります。「貧血」は、一般的には血が不足してめまいが起こるよう
な状態と考えられていますが、医学的には血液中の赤血球やその成分である
ヘモグロビンが減っている状態を意味しています。2008年に国立国語研究
所「病院の言葉」委員会が、57種の医学用語について一般市民の認知度と
理解度を調査し、その結果を『病院の言葉をわかりやすく』という本やイン
ターネットで公開しています（https://www2.ninjal.ac.jp/byoin/）。その中で「貧
血」という言葉を知っている人は99.7％と認知度は非常に高かったのですが、
正しく理解している人（つまり理解度）は77％であったと報告されています。

　さらに、コロナ禍では「ワクチン接種後の副反応」がマスコミでも大きく
取り上げられました。ワクチン接種の場合には、治療ではなく予防としての
利用ですので「副作用」ではなく「副反応」というのですが、薬などによる
治療後の症状に使用される「副作用」については、医療関係者にとってはど
のような治療であっても「副作用」と呼ぶことのできる症状が出るのが当た
り前と考えられています。例えば、癌の薬による治療では髪の毛が抜けるな
どの副作用による症状が出る、というようなことです。先ほど紹介した国立
国語研究所の調査では、一般市民は治療後の「副作用」があると「悪い薬」

を出されたと思い、それを出した医師を「悪い医者」と思ったりすることもあるとされています。この場合は医師による説明が大切なのですが、正しく理解してもらうのは大変なのかもしれません。

　同じ医学用語でも、いくつかの言い方が混ざっていることもあります。「タンパク質」と「蛋白質」などはその例です。中でも「癌」と「がん」はどうでしょうか。「ガン」と書かれることもあります。「癌」と「がん」では意味が違うよ、という説と、同じ意味だよ、という説の両方があります。さらに腫瘍や、英語では Neoplasm（ネオプラズム：新生物）というような言い方もあります。現在では、例えば「国立がん研究センター」という名前にあるように、より一般市民にわかりやすいひらがなの「がん」が使われることも多くなっています。「がん」というひらがなの呼び方が登場してきた背景として、漢字の使用制限の歴史があります。明治以降医学の世界でも、非常に画数の多い難しい漢字が数多く使用されてきたのですが、戦後日常使用される漢字をシンプルにするために 1850 字からなる「当用漢字」というものが定められました。この中には「癌」はありませんでしたので、行政や報道機関などは法律や新聞記事に「癌」という漢字が使用できず、「がん」というひらがな表記をせざるを得なかったのです。もちろん専門分野での用語を規制するものではありませんので、医学の世界では「癌」は使われ続けてきました。1981 年に当用漢字は常用漢字（1945 字）となりますが、「癌」はやはりありませんでした。常用漢字は 2010 年に改訂され 2136 字にまで増えますが、「癌」はやはり復活しませんでした。しかしこの頃にはひらがなの「がん」はすでによく知られた言葉になっていました。「国立がん研究センター」は 1962 年に設立されたため、当用漢字にはなかった「癌」ではなく「がん」がその名前に使用されたのです。当用漢字にはなかった医学用語には、他にも腎臓→じん臓、泌尿器→ひ尿器、障碍→障害などがあり、ひらがなや他の漢字に置き換えられました。

　次に問題となるのは「差別や偏見（スティグマ）を助長する言葉」です。医療関係者には差別意識がなくとも、患者である一般市民がどう受け取るのかが問題となります。

　2022 年 11 月、日本糖尿病協会のアドボカシー活動の一つとして、「糖尿

病」という言葉について変更するべきかどうかというアンケート調査が行われました。「糖尿病」という病名には「偏見（スティグマ）」を導き出す恐れがあるのではないか、という危惧からです。患者と医療関係者の両方にアンケート調査を行った結果、患者の側では回答者1087人のうちの9割が「糖尿病」という病名に何らかの抵抗感を感じ、8割が病名の変更を希望するという回答でした。一方、医師1028人へのアンケート調査では「糖尿病」の名称変更に賛成が37％であったのに対して、反対が63％という結果でした。医療者の側は、単に名称を変更するのではなく、病気への理解を深め、両者の間のコミュニケーションが大切なのでは、という意見もありました。日本糖尿病協会では、糖尿病患者を「糖尿病のある人」、血糖コントロールは「血糖マネジメント（管理）」へ呼び方を変えることを検討している、ということです。これは海外での動きにも合わせています。そして日本糖尿病協会は、2023年9月に糖尿病の英語名である「ダイアベティス」という病名を[3,4]「糖尿病」に代わる新しい病名として広めてゆきます、と発表しています。

　こうした病名からくる差別や偏見に対して病名を変更する動きは、心の病といわれる病気の名前を変えよう、という社会的な動きから始まりました。今では「認知症」という言葉は広く知られていますが、以前は「痴呆」あるいは「痴呆症」と呼ばれていました。「痴呆」という言葉を聞いて、みなさんはどう思われるでしょうか。「痴呆」という言葉の持つ負のイメージを払拭しようと、2000年頃から関係者（精神医学の医師たち）の間では名称の変更が考えられていました。そうした社会的な動きの中で、2004年4月に高齢者痴呆介護研究・研修センター長であった長谷川和夫氏をはじめとする3名の医師が連名で「『痴呆』の呼称の見直しに関する要望書」を、当時の坂口力厚生労働大臣宛てに出しました。これを受けて厚生労働省では7人の専門家・識者による検討会を設け、日本医学会会長であった高久史麿氏が座長となり名称の変更について検討を行いました。この時に専門家ばかりではなく一般市民を含む多くの人々のパブリックコメントを集めたのですが、その結果6333件の意見の多くは（80％）名称変更に賛成する、というものでした。同時に新しい名前も募集し、認知症の他にも認知障害、もの忘れ症、記憶症、記憶障害などの言葉が提案されました。「こもれび症候群」という名

前もあったそうです。新しい名前は「不快感や侮辱感を感じさせたり、気持ちを暗くさせたりしない」性質のものであることが求められていました。この結果として「認知症」という名称となったのです。この検討会の報告書は、厚生労働省のウェブサイトで見ることができます（https://www.mhlw.go.jp/shingi/2004/12/s1224-17.html）。「認知症」は、2005年6月29日に公布された「介護保険法の一部を改正する法律」の中に公式に記載され正式な病名となりました。[5,6,7]

　こうした社会全体の動きは、精神医学の分野では大きな動きとなり、他にも病名の変更がいくつか行われました。精神分裂病は統合失調症に、蒙古症はダウン症に、精神薄弱というような呼び方も知的障害というような呼び方に変わってゆきました。さらに、病院の診療科として広く使われていた「精神科」という名前も変化してゆきました。メンタルヘルス科（東邦大学病院、関東中央病院、日本赤十字医療センターなど）、メンタルケア科（大崎市民病院）、メンタルクリニック（順天堂大学病院）、心の診療科（独協医科大学埼玉医療センター）、精神神経科（こころのケア科）（国際医療福祉大学病院）、こどもの心の診療科（自治医科大学とちぎこども医療センター）などです。その結果として、受診する患者さんの数が増えた、特に気分障害（うつ病圏）の患者の数が増えた、という報告もあります。[8,9]

　子どもの発達障害も、長い間その病気の中身がよくわからず、あいまいな呼び名がたくさん用いられてきました。コミュニケーションや対人関係などが上手にできない子どもや、注意欠陥・多動症（ADHD）、突然大きな声を出したり攻撃的な反応をするなどの行動については、現在は「自閉スペクトラム症（ASD：Autism Spectrum Disorder)」という呼び方をするようになってきています。スペクトラムとは幅のある連続した状態を意味していて、様々な症状は連続した一つながりのものであるという理解です。病気の名前は国際的にも統一されたものが使用されます（この点については次節で紹介します）が、精神医学の世界では、米国精神医学会による精神疾患の診断分類体系（DSM）が広く世界中で使用されています。このDSMは2013年に第5版が出たのですが（DSM-5)、この中で前版（DSM-III、DSM-III-R）を改訂して「自閉スペクトラム症」という疾病概念に整理してまとめたのです。[10,11]そし

て、こうした疾病概念は 2016 年の「発達障害者支援法」の一部改正に生か
されています。

　他にも、「優性・劣性」、「奇形」、「色盲」などの偏見を呼び起こすような
言葉は変えられてきました。また、「パニック障害」が「パニック症」へと
変化しているように「症」という状態を表す表現が多くみられるようになっ
てきています。

　一つの病気（診断名）に一つの名前が決まっているといいのですが、実際
には、同じ病気でも医師と一般市民とでは言い方が違っている例を紹介しま
した。「貧血」とか「副作用」などです。実は、医師同士でも微妙に違って
いる場合があります。そうした問題を解消するために、国際的に病気の名前
を統一するためのルールがあります。

　WHO では国際的な統計をとるためや病気の管理（カルテに記載して記録・
保存しておく）のために、死因や疾病を分類してまとめた ICD（International
Statistical Classification of Diseases and Related Problems）という分類表を作っ
ています（https://www.mhlw.go.jp/toukei/sippei/）。2018 年に第 11 版が出て
ICD-11 と呼ばれています。日本では「統計法」という法律の中で、この
ICD の分類名（病名）を用いて記録するように定められています。この ICD
ではおよそ 1 万 8000 のカテゴリの中で 10 万程の病名などが示されていま
す。日本では厚生労働省による日本語訳を使用するのですが ICD-11 で変更・
追加された用語はまだ翻訳中で、現在は一つ前の版 ICD-10（1990 年）を使
用されることが多くなっています。また精神科領域では、先に紹介しまし
た DSM（Diagnostic and Statistical Manual of Mental Disorders）が国際的な病気
の分類表として使用されています。最新版は 2013 年の第 5 版（DSM-5）で、
翌 2014 年に『DSM-5 精神疾患の診断・統計マニュアル』として日本語訳が
出版されています。

　一つ付け加えさせていただきますと、WHO では 2015 年のガイドラインで、
病名などには「人名」や「地名」を使用しない、と決めています。これも
「偏見」を生まないためです。新型コロナウイルスの変異株についても、当
初中国の武漢の名前も出てきましたし、イギリス型、インド型という名前も
ありました。これらに対して WHO は 2021 年 5 月 31 日に新型コロナウイル

スの変異株に対してはギリシア数字を用いると決め、イギリス型はアルファ型、インド型はデルタ型（ちなみに間に入るベータは南アフリカ型、ガンマはブラジル型）と呼ばれるようになりました。

　こうした医学用語の統一は、日本の医学関係学会でも行われています。その大もとは日本医学会用語委員会による「日本医学会用語辞典」です。これはその名の通り日本医学会の用語委員会が作成したもので、およそ7万語の医学用語が掲載されています。現在はウェブ版が公開され、毎年のように更新されています（https://jams.med.or.jp/dic/mdic.html）。無料登録をすれば、誰でも利用することができます。

　さらに、日本医学会を構成する138学会のうち74学会でも独自の用語集を作成しています。これらの用語集は、各学会のウェブサイトで見ることができたり、PDFファイルをダウンロードしたりすることができます。ただ、学会員限定公開の場合もあります。また用語集であり辞典ではないので、言葉の意味内容についての説明がなかったりもします。しかし中には「気管食道科学用語解説集」のような解説付きのものもあります。

　例えば、ということで、以下に胃や腸などの消化器系学会の用語集を紹介します。

作成している学会	用語集の名前	入手先
日本消化器病学会	消化器病学用語集	https://www.jsge.or.jp/glossary/
日本大腸肛門病学会	大腸肛門病学用語集	https://www.coloproctology.gr.jp/mo z dules/glossary/
日本消化器がん検診学会	消化器がん検診用語	https://www.jsgcs.or.jp/publication/ glossary/searches.html
日本食道学会	食道疾患用語解説集	金原出版、2012年
日本消化器内視鏡学会	消化器内視鏡用語集	医学図書出版、2018年

消化器系学会の用語集をもとに筆者が作成

　この他にも、文部科学省の作成している『学術用語集 医学編』があります。医学用語の標準化と普及を図るため、新聞等で使われる医学用語、他の学会でも使われる医学用語、法令などで使われる医学用語の3つの種類の用語を

含んでいて、収録用語数は 19000 語に及んでいます。日本語と英語の両方から調べることができます。

インターネットで医学や健康に関する情報を調べる時には、医学用語の知識も役に立つかもしれません。

3　インターネットで検索
──検索する前に知っておきたい情報検索の仕組み

情報を集めよう・調べようという時には「広く網羅的に集める」方法と「ピンポイントで選ぶ」方法とがあります。もちろんその間にいろいろな「程度」があります。また、「肺癌」の一語で検索する（ワンタームサーチと言います）と、膨大な数の情報がヒットしてしまいますので、もう少し減らす工夫も必要になります。こうした時には 2 語以上のキーワードを使うといい場合があります。「肺癌」のワンタームサーチでは 2900 万件ヒットした Google でも「肺癌 薬」と検索すると 137 万件にまで減らすことができます。このあたりの検索の仕組みについて少し詳しく紹介したいと思います。

2017 年 12 月に、Google のウェブマスター向け公式ブログに、下のような記事が掲載されました。

医療や健康に関連する検索結果の改善について　ロ・　　　　　フィードバックを送信

2017 年12月6日水曜日

Google では、今週、日本語検索におけるページの評価方法をアップデートしました。

この変更は、医療や健康に関する検索結果の改善を意図したもので、例えば医療従事者や専門家、医療機関等から提供されるような、より信頼性が高く有益な情報が上位に表示されやすくなります。本アップデートは医療・健康に関連する検索のおよそ 60%に影響します。Google では、医療や健康だけに限らず、今後も継続的に検索の改善に取り組んで行きます。

現在、毎日数百万件以上の医療や健康に関する日本語のクエリが Google で検索されています。これを分析してみると、医療の専門用語よりも、一般人が日常会話で使うような平易な言葉で情報を探している場合が大半です。日本のウェブには信頼できる医療・健康に関するコンテンツが多数存在していますが、一般ユーザー向けの情報は比較的限られています。

もし、あなたが医療関係者で、一般のユーザーに向けたウェブでの情報発信に携わる機会がありましたら、コンテンツを作る際に、ぜひ、このような一般ユーザーの検索クエリや訪問も考慮に入れてください。ページ内に専門用語が多用されていたら、一般ユーザーが検索でページを見つけることは難しくなるでしょう。内容も分かりづらいかもしれません。ユーザーがあなたのサイトを見つけるために使用している検索キーワードのリストは、Search Console で確認することができます。もし、そのリストが専門用語で占められていたら、一般ユーザーの多くはあなたのサイトの情報にアクセスできていない可能性があります。

https://developers.google.com/search/blog/2017/12/for-more-reliable-health-search?hl=ja

医療や健康に関する情報の検索結果をより的確にするため、ウェブページの評価方法を改善し、医療従事者や専門家、医療機関などが提供するページが「より信頼性が高く有益な情報」として上位に表示されやすくなる、というものです。Google はなぜこのような改善をした（しなければならなかった）のでしょうか。それは、ちょうどこのブログ記事の1年前に起こったある事件がきっかけでした。DeNA 社の提供する WELQ（ウエルク）というサイトの健康情報に、とんでもないデタラメ記事が多数掲載され、社長が謝罪会見を行い、サイトを閉鎖した、というものです。毎日新聞をはじめとしてマスコミでも大きく報道されました（毎日新聞の記事　https://mainichi.jp/articles/20170810/k00/00m/020/040000c）。WELQ は DeNA 社が運営する健康・医療情報サイトとして 2015 年 10 月にスタートしました。「ココロとカラダの教科書」というキャッチフレーズで、最盛期には1か月 2000 万回という閲覧数になりました。しかし、外部ライター（アルバイト）を使って1日 100 本以上の記事を公開しており、その記事の作成プロセスに問題があったといわれています。掲載された記事の内容としては、例えば「火傷は濡れたタオルで冷やす」のような記事がありました。もちろんこれは医学的には間違いで、傷口にタオルが張り付いてしまうこともあるので「流水で冷やす」が正しいのです。このような医学的には間違った記事が数多く掲載され、加えて Google などの検索サイトでは、目につきやすい最初のページにリストされるというようなことが起こっていました。このような出来事を背景として、インターネットの健康情報を見直すという社会的な動きがあったのです。

Google に続き翌 2018 年1月には Yahoo! でも、「癌」に関するキーワードでの検索結果は、国立がん研究センターのがん情報サービスと協力して、検索結果の上位にリストされるようにしました。患者や市民が、医療・健康情報を求めて図書館へ行く、という行動はまだまだ定着していません。この章の最初に紹介したように、多くの市民がインターネット上の情報を探しているのが現状です。本当は図書館へ行き、専門の司書にご相談いただくのが一番のお勧めなのですが、それは本書の最後にとっておいて、図書館へ行かなくてもできる「適切な」情報を得るための方法について紹介してみようと思います。

3.1　2つ以上のキーワードで検索するには

　さて、おなじみのGoogleです。みなさんはどのようにキーワードを入れているでしょうか。1語だけならシンプルですね。「胃癌」のような感じでしょうか。でも「ステージ4の進行胃癌の治療方法」でしたらどうでしょうか。「胃癌」「ステージ4」「治療方法」の3つの言葉（キーワード）が思い浮かぶかと思います。この3つのキーワードを、それぞれ間にスペースを空けて一並びに書き込むのではないでしょうか。下の図のような書き方です。

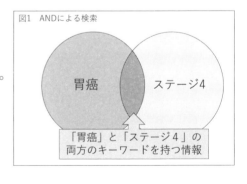

　では、この結果示される情報源はどのように選ばれているのでしょうか。いくつかのキーワードで検索する時には、スマホやパソコンの裏側で、ある操作が行われています。これを専門用語で「論理演算」と呼んでいます。この「論理演算」にはAND、OR、NOTの3種類の「論理演算子」が使われます。ANDは、ANDの両側にある検索キーワードを同時に持っている情報を拾い出してきます。「胃癌」、「ステージ4」の2つを入れた場合には、これらの2つの語の両方を同時に持っている情報をリストアップします。実は、「胃癌」や「ステージ4」などの検索キーワードの間に入れていたスペースはANDと同じ働きをしていたのです。こうした状態をわかりやすく説明したベン図という方法で示すと、図1のようになります。「胃癌」と「ステージ4」という2つのキーワードが重なり合った部分が、この両方のキーワードを同時に持っている情報（ウェブサイトや論文など）なのです。

　一方で、治療の方法としては「薬」による治療や「放射線」による治療などがあります。これらはどちらでもよいので、どちらかの治療方法が用いら

れている情報が欲しいということになります。このような場合にはORという「論理演算子」を使います。ベン図で表すと図2のようになります。

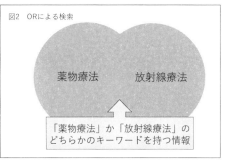
図2　ORによる検索

「薬物療法」か「放射線療法」のどちらかのキーワードを持つ情報

これらから、Googleの検索ボックスに書き込む検索キーワードは、「胃癌 AND ステージ4 AND（薬物療法 OR 放射線療法）」というのがお勧めとなります。図3のような具合になります。特に検索式後半のORで結ぶ2つの治療方法に関するキーワードは、カッコでくくると優先的に検索してくれますので、ORを使うときに

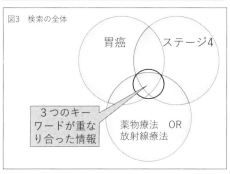
図3　検索の全体

3つのキーワードが重なり合った情報

はカッコでくくる、と覚えておくと便利です。

　ORは使い道がたくさんあります。同義語をまとめる場合には、特に便利です。「胃癌」には「胃がん」という言い方もあります。どちらも同じ意味（同義語）ですが、書く人により「癌」と書いたり「がん」と書いたりします。「胃癌」で検索すると「胃がん」の情報は見落としてしまいます。試しにGoogleで検索した結果を比べてみますと

　　　胃癌…1230万件　　　胃がん…1080万件　　　胃癌 OR 胃がん…2350万件

「胃癌」と「胃がん」では検索件数に150万件の差があります。これを「胃癌 OR 胃がん」と検索すると2350万件となり、網羅的に検索していることになります。ちなみに「ステージ4」も、医学的には「ステージⅣ」とローマ数字を使うことが多いので、こちらも両方をORで結んだ方がよいでしょう。さらに英語のStageも使うとより網羅的に検索できるようになります。少し長くなりますが、

Google 　Q　（胃癌　OR　胃がん）　AND　（ステージ4　OR　ステージⅣ　OR　　×　🎤　📷　Q
stage iv）　AND　（薬物療法　OR　放射線療法）

とするとより網羅性が増します。

　この他にも「薬物療法」の同義語として「化学療法」というキーワードも
よく使われています。特に癌の治療では「化学療法」と呼ばれることが多い
です。この言葉も OR で結んで検索キーワードとして使うとなお網羅性が増
します。

　3つ目の論理演算子の NOT は「この語を含む情報は除く」という意味で
すが、必要な情報を落としてしまう可能性もありますので、使用はお勧めし
ません。

3.2　信頼のおけるサイトを選ぶ —— 絞り込み

　Google では、とにかく多くの情報源（ウェブサイトなど）がリストアップ
されます。数万件以上になることもしばしばあります。Google 検索の裏側
での動きについては、明確には公表されていませんので、私たちにはどうし
てこんなに多くの検索結果が出てくるのかはわかりません。しかし、少しは
わかっていますので紹介します。

　まずクローラというプログラムが世界中のウェブサイトを巡回して情報を
集めます。集めたサイトの情報は Google の定めたルールに従って分析され、
正規のページであるかどうかが判別されます。次いでキーワードに分解され、
索引が作成されます。つまり「Google を検索する」というのは Google が集
めたすべてのウェブサイトの文字を全て総なめに検索するのではなく、キー
ワード（語）に分解されて索引された語を検索しているので、数万件のヒッ
トでもすぐに結果を表示できるのです。Google の利用者が検索ボックスに
キーワードを入れて検索ボタンをクリックしたときに行われるのは、Google
の定めた 200 項目にのぼる評価項目から、検索者の求める情報を、関連性
が高く高品質であると判断できるサイトから順に表示する、という流れで
す。その際、他ページからリンクされている数が多いと上位に表示される

ページランクという方法も用いられているといわれています。こうしたことを説明している YouTube の動画もありますので URL を紹介しておきます。この動画には日本語訳の字幕も付いています（https://www.youtube.com/watch?v=BNHR6IQJGZs）。

　実際の検索では数万件の情報がヒットします。しかし、こんなに多くのサイトをチェックすることは事実上不可能です。多くの人は最初のページか2ページ目くらいまでしか見ません。ですから、探している情報にピッタリのものがすぐに見つからない可能性もあります。反対に大切な情報が3ページ目にあるような場合には見逃してしまうこともあります。ある調査によると、400万件の検索結果を分析した結果、1番目にリストされたデータのクリック数は全クリック数の27.6％を占め、3番目までで全クリック数の54.4％を占めている。また2ページ目で何かをクリックするのは0.63％であった、というものです。[12)]

　このように数多くヒットしたデータの最初の部分だけを見るのは、リスクもあります。より的確な検索を行うために、まずは「情報を選ぶ」ための「絞り込み」という操作を行うとよいでしょう。「絞り込み」には「主題」や「情報の発信元」によるもの、「書かれている言語」や「年代」によるものなどがあります。

　「主題」で絞り込むには、AND で結ぶキーワードを増やすのが一般的です。例えば「ステージ4の胃癌で薬または放射線による治療」に加えて「高齢者」というキーワードを AND で掛け合わせると、高齢者の場合に絞り込むことができます。Google で検索してみると

（胃癌 OR 胃がん）AND（ステージ4 OR ステージ IV OR Stage IV）AND（薬物療法 OR 放射線療法）	122万件
（胃癌 OR 胃がん）AND（ステージ4 OR ステージ IV OR Stage IV）AND（薬物療法 OR 放射線療法）AND 高齢者	2万8000件

という具合に、検索キーワードを一つ増やすことで検索結果を大幅に減らすことができました。

　健康や病気に関する情報には、その信頼度を類推する方法として、誰が発

信しているのかという「発信元」を知るという方法があります。Google では、主にウェブサイトを検索しますが、そのウェブサイトでも「国・政府」や「地方自治体」、「学会」、「大学」などのサイトは信頼度が高いとみなすことができます。そこで、初めからこうしたサイトに限定して検索してみる、という方法がありますので、少し紹介します。

ウェブサイトは必ず URL という住所のようなユニークな記号を持っています。この URL の最後には日本でつくられているサイトであれば日本を表す記号の「jp」というアルファベット 2 文字からなる記号が示されています。この部分は国ごとに決められており、イギリスでしたら gb、フランスでしたら fr、ドイツでしたら de となります。アメリカは us ですが、特に付けられていない場合もあります。日本の場合具体的には、国・政府は「go.jp」（government の意味）、地方自治体は「lg.jp」（local government の意味）、大学は「ac.jp」（academic の意味）、学会は「or.jp」（organ の意味）という記号で示されます。厚生労働省でしたら https://www.mhlw.go.jp、国立がん研究センターでしたら https://www.ncc.go.jp、という具合に「go.jp」で終わっています。大学でしたら、例えば東京医科大学は https://www.tokyo-med.ac.jp/ と ac.jp となります。日本消化器病学会は学会ですので https://www.jsge.or.jp と or.jp で終わっています。横浜市の場合は https://www.city.yokohama.lg.jp と lg.jp です。実際の検索の場合には site:go.jp のように site の後ろにコロン（:）を付けて検索キーワードとします。site: は付けなくとも良いのですが、付けた方がより絞り込みの機能を発揮できます。

例えば「(胃癌 OR 胃がん) AND site:or.jp」と検索すると、がん研究会のサイトなどが最初の方にリストアップされます。「(胃癌 OR 胃がん) AND 患者統計 AND site:go.jp」ですと厚生労働省の統計情報が出てきます。

これらのサイトで提供される情報は、信頼できる情報であると考えてよいでしょう。また、学会のウェブサイトには、多くの場合「市民向け・患者向け」というようなページも用意されていますので、そちらを中心に見てゆくのもお勧めです。

この他にも Google の検索オプションでは「言語」や「年」についても指定することができます。

4　お勧めは Google Scholar——論文を読む

　医学分野に限らないのですが、きちんとした手順を踏んで研究された結果は、学術雑誌と呼ばれる専門的な分野を扱った雑誌に掲載されます。学術雑誌に掲載される「学術論文」の最も大きな特徴は、「論文審査」を経ている、という点にあります。これは、研究者などが実験研究や調査などの結果得られた「新しい知見」を、学術雑誌に投稿するとまずその論文の内容が「新しくて、適切な方法で得られた結果で、臨床などの役に立つか」などの観点から、その分野の複数の第三者が検証することを「論文審査」と言います。この審査を通過して初めて学術雑誌に掲載されるのです。ですから、内容についてはある程度信頼性が担保されていると見なすことができます。

　専門的な学術論文は、慣れないと読みこなすのは少し難しいのですが、最新の情報を得ることもできます。このような専門的な学術雑誌は、大学図書館へ行かなければなかなか読むことはできないのですが、最近はオープンアクセスといって、誰でも・いつでも・どこからでもインターネットを通して読むことができるような仕組みが出てきています。論文審査を経ずにすぐに公開される「プレプリント（審査前論文）」という方法で公開することも行われています。これらの方法により専門的な最新の論文が、すぐに読めるのです。ダウンロードや印刷もできます。特に、新型コロナウイルス感染症が世界に蔓延し、患者数などの感染の状況やワクチンによる予防の方法、そして薬などの有効な治療方法についての最新の情報が毎日のように学術論文としてインターネットに発信されています。

　こうした専門的な情報を知る手段として、Google の中でも学術的な情報を集めている Google Scholar というデータベースの利用がお勧めです（https://scholar.google.co.jp/）。

　この最初のページには「巨人の肩の上に立つ」という

メッセージが書かれています。巨人の肩の上に立つと、さらに遠くを見ることができる、という意味です。新しい知識は、必ずそれまでに蓄積された知識の上に積み重ねられるものである、ということです。これまでに多くの人びとによって積み重ねられてきた知識を学ぶことの大切さを述べています。

　この Google Scholar で、先ほどの胃癌の治療について調べてみましょう。キーワードの書き込みなどは Google と同じです。（胃癌　OR　胃がん）AND（ステージ 4　OR　ステージ IV　OR　StageIV）と書き込むと

化学療法が奏効し根治切除し得た Stage IV 進行胃癌の 1 例　木戸上 真也ほか著 癌と化学療法 49 巻、13 号、1899 -1901 ページ、2022 年

というような論文が見つかります。

　リストの右側の欄には、［PDF］などの表示が出ます。ここに［PDF］と書かれている情報は、すぐに PDF で論文を読むことができます。オープンアクセスで公開されているからです。さらに、オープンアクセスですぐに読める形（主に PDF）の情報に絞り込むこともできます。検索キーワードの最後に filetype:pdf と書き込みます。ファイルタイプを PDF に指定する、ということです。そうすると、少し古い（2004 年作成）のですが、日本胃癌学会の作成した一般市民向けのガイドラインの解説書が見つかりました。

胃癌治療ガイドラインの解説　一般用　2004 年 12 月改訂　胃癌の治療を理解しようとする全ての方のために　第 2 版　日本胃癌学会
(http://www.jgca.jp/pdf/GL2IPPAN.pdf)

　この他にも Word ファイルでしたら .doc、.docx、Excel ファイルなら .xls、.xlsx、パワーポイントなら .ppt、.pptx などを filetype: に続けて書き込むことで情報を絞り込むことができます。

　このように、すぐに論文が読める情報を探すこともできますので、Google や Google Scholar は便利に利用することができます。Google を検索する時には覚えておくとより上手に使うことができます。

病気の治療方法は日進月歩です。できるだけ新しい情報を探すことも大切です。例えば胃潰瘍（現在では十二指腸潰瘍と併せて消化性潰瘍と呼ばれることも多い）という病気の治療法は、ここ50年くらいの間に大きく変化してきています。

胃潰瘍の原因は、過度の胃酸の分泌によるものと考えられていましたので、1970年代くらいまでは食事療法や、胃に穴が空き出血などの大きな症状がある場合には、胃切除などの外科的な治療が行われました。しかし、1980年代にプロトンポンプ阻害薬やH2ブロッカーなどの胃酸の分泌を抑える薬が次々と開発され、胃潰瘍は薬で治療できる時代になりました。さらに、強い胃酸の中では細菌などの生物は存在しないと思われてきた中で、1982年にヘリコバクターピロリという細菌が発見され、それが胃潰瘍の原因ではないかとしてピロリ除菌という治療法が登場してきました。胃切除などの手術をしなくても薬で治療できるようになったのです。こうした大きな治療方法発見の貢献に対して、1988年にはH2ブロッカーの開発者であるブラックに、2005年にはピロリ菌を発見したマーシャルにそれぞれノーベル生理学・医学賞が授与されています。現在ではピロリ除菌は標準的な、かつ予防的な治療方法であり、出血のある胃潰瘍に対しても内視鏡を使っての治療が行われるなど、その治療方法は大きく変化してきています。さらにピロリ菌は胃癌のリスクの一つであることもわかってきましたので、胃癌の予防にもなると考えられています。このような胃潰瘍に対する治療法や予防法の発展により、日本における胃潰瘍の患者数は1996年の91万6000人をピークとしてその後は減り続け、2014年には27万2000人と3分の1以下になっています。

このように病気の診断や治療の方法はどんどん進歩しています。新しくてしっかりとした科学的な根拠のある治療法などの情報は、やはりしっかりとした方法を用いて探してゆくという姿勢が大切ではないかと思います。Googleにはそのような情報も含まれています。それを上手に取り出す方法を知っていると、自分や家族の健康を守るために大いに役立つでしょう。

〈引用文献〉
1) NTTモバイル社会研究所「2024年 スマホ利用者行動調査」(https://www.moba-ken.jp/project/

lifestyle/20240509.html）

2）国立国語学研究所「病院の言葉」委員会編『病院の言葉を分かりやすく――工夫の提案』（勁草書房、2009）

3）「医療者も実は…？　糖尿病のスティグマを見直す／日糖協の活動」CareNet 公開日：2022 年 11 月 14 日（https://www.carenet.com/news/general/carenet/55401）

4）「『糖尿病』の名称変更、医師の 6 割が反対／医師 1,000 人アンケート」CareNet 公開日 2022 年 11 月 16 日（https://www.carenet.com/news/general/carenet/55428）

5）笠貫浩史「「痴呆」の道程、「認知症」のあゆみ」『老年精神医学雑誌』2021、32 巻 10 号、p.1027-1033

6）粟田主一「病名変更が何をもたらしたか：痴呆から認知症へ」『精神医学』2018、60 巻 11 号、p.1191-1198

7）松下正明「「痴呆」から「認知症」へ――stigma と用語変更」『老年精神医学雑誌』2014、25 巻 2 号、p.199-209

8）斎藤文男、村上成明「精神科が依頼における診療科名変更の効」『青森県立中央病院医誌』2004、49 巻 1 号、p.1-4

9）Hirosawa, M. Change of the Department Name for a Psychiatric Out-patient Clinic in a University Hospital.『総合病院精神医学』2001、13 巻 1 号、p.24-31

10）傳田健三「自閉スペクトラム症（ASD）の特性理解」『心身医学』2017、57 巻 1 号、p.19-26

11）　野井未加「自閉症スペクトラム障害児の関係性をはぐくむ支援」『西南女学院大学紀要』2021、25 号、p.55-65

12）　Here's What We Learned About Organic Click Through Rate：we analyzed 4 million google search result（https://backlinko.com/google-ctr-stats）

第4章　図書館へ行かなくとも探せる情報
文献データベース

　NHKのEテレに「きょうの健康」という健康情報番組があります。2023年1月に3回にわたり「がん　絶対に知ってほしいこと3選」というシリーズが放送されましたが、その2回目（1月17日）の放送は「信頼できるサイトは1割ほど」というサブタイトルでした。そして、「がん情報を紹介するWEBサイトを調べた研究では、ガイドラインに基づいた信頼できる情報を紹介しているのはわずか10％。むしろ有害な恐れのある情報を掲載しているものが30％強あるという結果であった」と紹介していました。残念ながらその数字の根拠となる情報源については詳しくは紹介されてはいなかったのですが、まあそんな感じかなあという感想をもちました。しかし、情報源が信頼のおけるものであるかどうかは大切です。

　その根拠となる情報源については実は画面上に示されていました。こうしたことはテレビ番組などではよくあるのですが、画面の右下に小さく「JMIR Cancer 2018」というテロップが出ていたのです。しかしほとんどの視聴者は 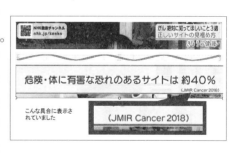 このテロップに気づかなかったのではないかと思います。ましてや「JMIR Cancer 2018」が何のことかきちんと理解できた方はごく少数の方かと思います。テレビなどのマスコミ報道では、情報の根拠（エビデンスといいます）をきちんと示す必要があります。「きょうの健康」でも、一応示してはいるので責任は回避できている、と番組制作者は思っているかもしれません。しかし、インターネット上のがん情報で正しいのは10％で残りの90％は怪しい情報ですよ、という「根拠」はどこにあるのでしょうか。

私は長く大学や病院などの医学図書館で仕事をしてきましたので、この情報源はすぐにわかりました。JMIR Cancer というのが、根拠となる論文の掲載された雑誌の名前で、2018 というのはその論文の出版年です。ただし、著者の名前やこの雑誌の何巻・何号の何ページに掲載されているのかは書かれていないのです。調べてみるとこの論文は日本人の書いたもので、日本での調査でした。本文は英語で書かれており、PubMed という文献データベース（本章 1.4 で紹介）ですぐに調べることができました。また、この論文はオープンアクセスという、どなたでもすぐに論文が読める形で公開されていますので、みなさんも読むことができます。以下のようなものです。

Ogasawara R, Katsumata N, Toyooka T, Akaishi Y, Yokoyama T, Kadokura G. Reliability of Cancer Treatment Information on the Internet: Observational Study. JMIR Cancer. 2018 Dec 17;4(2):e10031. doi: 10.2196/10031. PMID: 30559090

　「インターネット上にある癌治療に関する情報の信頼性：観察研究」と題された英語の論文ではありますが、Google 翻訳（https://translate.google.com/）や Deepl 翻訳（https://www.deepl.com/translator）などを利用すれば、無料版では文字数制限はありますが、すぐに日本語に翻訳してくれますので、恐れる必要はないと思います。また Google Chrome というブラウザには、外国語のウェブサイトを翻訳してくれる機能もあります。

　文献データベースを利用し、確かな信頼のおける（可能性の高い）論文を探して読んでみましょう。オープンアクセスですぐに読める論文ではなくとも、お近くの図書館へ行けば手に入れて読む方法はありますので、ぜひともチャレンジしていただきたいと思います。

　第 3 章では、インターネット上にある医療・健康情報を得るための方法として、Google を利用した検索について紹介しました。その中で上手に情報を得るためのいくつかのテクニックを紹介したのですが、思いついた 1 つか 2 つのキーワードで検索しても「きょうの健康」で紹介されたような 10% という割合でしか正しい情報は得られないのかもしれません。つまり、得られた情報の中で正しい情報は 10 件のうち 1 件しかない、ということです。

　Google の中でも学術情報を集めた Google Scholar についても紹介しました。検索キーワードといっしょに「PDF」というキーワードも入れて検索すると、

すぐに読める学術論文を探すこともできました。世の中には、そんな学術論文を集めたデータベースもありますので、最初からそちらを調べればすぐに専門的な論文を見つけて読むことができます。ここでは学術雑誌に掲載されている「学術論文（医学論文）」を探してすぐに読む、という方法を紹介してみようと思います。

1　医学論文と文献データベース

　医学論文に限らないのですが、学術雑誌に掲載される論文の大きな特徴の一つに「論文審査」というものがあります。研究者や医師が、ある病気の診断方法や治療方法を試して「これは効果があるな！」と思った時には、論文を書いて学術的な雑誌に投稿します。それが学術雑誌に掲載され、多くの医療関係者や一般市民の方たちに読んでもらい、世の中に広まることが医学の進歩発展に繋がるからです。

　学術雑誌に投稿された論文原稿は、まずその研究の方法や結果が安全でありかつ有効であり他の患者にも適用できるものであるかどうかを第三者（レフェリーと呼ばれています）が読んで判断するというプロセスを経ます。その過程で、より効果のある方法であると認められるので世の中へ広めるべきである、と判断された論文が雑誌に掲載されます。このプロセスを「論文審査」といいます。英語ではピアレビュー（Peer Review）と言いますが、Peerとは同僚・仲間のことをいいます。つまり、同じ専門分野の仲間たちが評価し、これは優れていると判断されたものが審査を通過し、学術雑誌に掲載されるのです。前章で紹介した「胃潰瘍」の治療法も、このような論文審査を経た論文により世界へ広まっていったのです。

　そのような信頼性の高い論文を調べることのできる文献データベースをいくつか紹介したいと思います。無料で誰でも利用できるものが中心ですが、有料での契約が必要なものも 1 つ紹介しています。

1.1　CiNii Research（サイニーリサーチ）（https://cir.nii.ac.jp/）
国立情報学研究所が作成している、日本国内で発表された「雑誌論文」

「図書」「博士論文」「報告書」などを集めたデータベースです。サイニーリサーチと呼びます。このうち「雑誌論文」は2000万件程集められており無料で公開されています。

とりあえずGoogleの検索ボックスによく似たフリーワードというボックスに、調べたい病気の名前や治療方法などを書き込み「検索」というボタンを押してみます。ここでは、「骨粗鬆症 AND 骨折 AND 予防」という3つのキーワードが同時に出てくる情報を検索してみます。ANDという検索演算子の役割については、第3章で詳しく説明していますのでそちらを参考にしてください。

そうしますとこんな論文が見つかりました。

この論文は「医学のあゆみ」という雑誌の2023年に出版された284巻1号45ページから始まる、中村さんという方が書いた論文であることがわかります。

さらに見てゆくと DOI とか 機関リポジトリ というようなアイコンが付けられている論文もあります。このようなアイコンがある場合には、とりあえずクリックしてみましょう。その論文がオープンアクセスであれば、論文のデータにリンクしていてすぐに読めるかもしれません。また論文内容の概略が紹介されている（「抄録」と呼ばれています）場合もありますので、それを読めばおおよその内容もわかります。

この CiNii Research では、本やその本を持っている図書館（主に大学図書

館）も調べることができます。先ほ
どの検索キーワードと同じキーワー
ドで検索すると、右のような本が
2005 年に出版されていることがわか

りました。下にある CiNii というアイコンをクリックすると、愛知学院大学や旭川大学をはじめとして全国 120 の図書館で所蔵していることもわかります。もちろん、最初の例であげた「医学のあゆみ」の所蔵館も調べることができます。

1.2 国立国会図書館サーチ（https://ndlsearch.ndl.go.jp/）

国立国会図書館の作成・提供する、「雑誌論文」や「図書」のデータベースです。ここで見つかる情報は、国立国会図書館や全国の県立レベルの公共図書館などで所蔵しているものです。「図書」については、国立国会図書館への納本制度というのがありますので、日本で出版されている本はほぼ網羅的に収録していると言ってもいいと思います。「雑誌論文」については、学術雑誌に限定していませんので文芸誌など様々な分野の雑誌からも論文・記事単位で収録しています。もちろん無料で誰でも利用できます。

先ほどの CiNii Research と同じようにキーワードを入れるボックスに「骨粗鬆症 AND 骨折 AND 予防」と書き込み「検索」ボタンをクリックすると

浦野 友彦. 骨粗鬆症と骨折予防.
日本内科学会雑誌. 110(3):2021.3.10,p.577-584.

こんな「論文」が見つかりました。これは「日本内科学会雑誌」という雑誌の 2021 年 110 巻 3 号の 577 ページから始まる浦野さんという方が書いた論文です。残念ながら、国立国会図書館サーチでは、この論文がオープンアクセスであるかどうかはわかりません。ですので、すぐに論文が読めるという訳にはいかないので、ぜひとも読みたいという論文が見つかった場合には、改めて CiNii Research で著者名や論題などをキーワードとして検索してみるのがよいでしょう。

先ほど CiNii Research で見つかった「骨粗鬆症と骨折予防」という本も見つかりますので、書名の部分をクリックするとより詳しい情報の画面となります。国立国会図書館の他に茨城県立図書館や千葉県立中央図書館など 9 つの公共図書館で所蔵していることもわかります。この本が読みたければ、お近くの公共図書館を通して所蔵している図書館から借りることもできます。

1.3　J-STAGE（https://www.jstage.jst.go.jp/）

J-STAGE は「科学技術情報発信・流通総合システム」のニックネームで、ジェイステージと呼んでいます。国立研究開発法人科学技術振興機構（JST）が運営する電子ジャーナルを提供するサイトです。日本から発表される科学技術（医学・人文科学・社会科学を含む）情報が公開されており、誰でも無料で利用することができます。学協会や研究機関が編集・刊行する学術雑誌を中心として国内の 1500 を超える学会などから 3700 誌以上の学術雑誌や会議録など 560 万件の記事・論文を収録しています。ほとんどはオープンアクセスで、誰でも読むことができるのですが、残念ながら学会員しか読むことのできない学術雑誌もあります。

この文献データベースでも、検索ボックスに「骨粗鬆症 AND 骨折 AND 予防」と検索キーワードを書き込んで検索すると、右のような論文が見つかります。日本内科学会の機関誌である「日本内科学会雑誌」の 2013 年 102 巻 3 号 632 ページから始まる松本さんの論文です。ここにも DOI というアイコンがありますので、クリックしてみましょう。論文のタイトル部分をクリックしても同じですが、日本内科学会雑誌に掲載されている論文にリンクしていますので、すぐに論文を読むことができます。J-STAGE はオープンアクセスですぐに論文を読むことができるというのが特徴ですので、この雑誌をどこの図書館で所蔵しているのか、というような情報はありません。また「図書」も探すことはできません。

1.4　PubMed（https://pubmed.ncbi.nlm.nih.gov/）

PubMed は世界中の医学論文を集めている英語の文献データベースです。アメリカの国立医学図書館（National Library of Medicine）が作成しているもので、日本を含む世界の 5500 以上の医学雑誌から 3700 万件を超える論文を集めています。英語の論文が中心ですが、今では手軽に利用できる翻訳ソフトも多いので、気軽にご利用いただきたいと思います。1997 年に世界へ向けて無料公開されました。

検索キーワードも英語ですので骨粗鬆症患者の骨折予防を英語に置き換え

てみましょう。

骨粗鬆症：Osteoporosis　　骨折：Fracture　　予防：Prevnetion
とりあえずのところ、大体こんな感じでしょうか。実は PubMed には MeSH
(Medical Subject Headings) という検索のための専用のキーワードが用意され
ており、その MeSH を検索に使用すると、より精確な検索ができるように
工夫されています。でもそのあたりは専門の医学図書館員でなければ難しい
作業ですので、ここはとりあえずインターネット上の医学辞書などを利用し
て英語でどう言うのかを調べてみるとよいでしょう。

osteoporosis AND fracture AND prevention という検索式で検索してみま
すと、1 万 4000 件以上の論文が見つかりました。検索結果の論文は適合度
順（Best Match と呼ばれています）にリストアップされています。Google の
検索結果と同じような表示です。もちろん新しい論文から順に並べる Most
Recent という並び順に変えることもできます。

その中に

> Ortop Traumatol Rehabil. 2022 Aug 31;24(4):281-292. doi: 10.5604/01.3001.0016.0589.

Guidelines of prevention, recognition and treatment of osteoporotic bone fractures

Tomasz Mazurek [1], Jarosław Czubak [2], Edward Czerwiński [3]

Affiliations + expand
PMID: 36722503　DOI: 10.5604/01.3001.0016.0589

Abstract

Population aging makes osteoporotic fractures (OP) an increasingly serious healthcare problem. It is
estimated that there are approximately 2,200,000 people with an osteoporotic fracture in Poland, and
according to the NFZ (National Health Found) report 126,100 new fractures were registered in 2018,

こんな論文も見つかりました。「骨粗鬆症性骨折の予防、認識、治療に関す
るガイドライン」というような内容でしょうか。Ortop Traumatol Rehabil と
いう雑誌（雑誌名は省略形で書かれています）の 2022 年 24 巻 4 号 281 ペー
ジから始まる Mazurek さんという方の書いた論文です。最後の部分に途中ま
でではありますが「抄録」も付いていますので、ポーランドでは高齢者の骨
粗鬆症による骨折が増えている、というような内容であることがわかります。

また、日本語で書かれた論文も収録されていますので osteoporosis AND fracture AND prevention AND japanese[language] と検索キーワードに japanese[language] と 1 語加えて検索すると、661 件の日本語論文が見つかります。

Ishibashi H. [Prevention of osteoporosis during pregnancy and lactation period.]. Clin Calcium. 2019;29(1):85-91. Japanese.

こんな論文もありました。Clinical Calcium という日本語の雑誌に掲載された論文で、日本語の論題は「妊娠・授乳中の骨粗鬆症予防対策」という論文でした。

　PubMed には数多くオープンアクセスですぐに読める論文が含まれています。PubMed で検索した結果として論文がリストされている画面で、左側にあるフィルターと呼ばれる絞り込み機能の中で比較的上の方にある Free full text というボックスにチェックを入れて再度検索すると、誰でもがすぐに読める論文だけをリストしてくれます。先ほどの日本語の論文 661 件の論文のうち Free full text ですぐに読めるものは 19 件ありました。

　なお、PubMed はスマホでも利用できるのですが、パソコンのような比較的大きな画面で検索する場合と異なり小さな画面となりますので、少し表示の方法が変わります。画面の大きさに合わせて変化する表示方法となっているからです。Free full text のような絞り込み機能は、スマホの画面をずっと下へスクロールしてゆくと出てきます。

　新型コロナウイルス感染症が世界に蔓延し、パンデミックと呼ばれる事態になりました。このような時には、正確な情報が少しでも早く世界中へ伝わることが求められます。こうした中で PubMed の果たした役割は非常に大きく、感染者数の動向やワクチンの開発、その副反応などの情報が毎日のように世界中へ伝えられました。

1.5　医中誌 Web（https://search.jamas.or.jp/）

　特定非営利活動法人（NPO）である医学中央雑誌刊行会の作成している日本の医学論文を集めた文献データベースです。1903 年の創刊ですので 120

年以上の歴史を持つデータベースです。医学ばかりではなく看護学、薬学、獣医学などの分野もカバーし、論文ばかりではなく日本国内の様々な学会で発表された内容である「会議録」も含んでいます。2000年にオンラインで検索できるようになり、その名称も「医学中央雑誌」から「医中誌Web」となりました。2024年5月の時点でおよそ1612万件のデータを収録しています。

　ただ、残念ながら有料のデータベースで、誰でも利用できるというものではありません。医科大学の図書館ではほぼ利用できます。最近は公共図書館でも契約館が増えてきており、2022年末では東京都立図書館や京都府立図書館など26館で導入されているとのことです（リストは　https://www.jamas.or.jp/public/publiclibrary.html）。

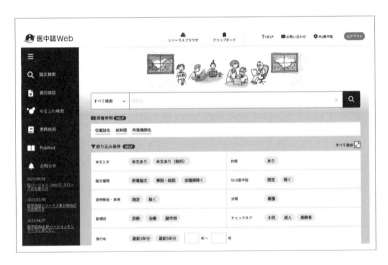

　検索キーワードは「すべて検索」というボックスに書き込みます。これまでと同じように「骨粗鬆症 AND 骨折 AND 予防」と書き込んでみますと7500件ほどの論文が見つかります。ただし先ほども書きましたように「会議録」も含まれていますので、これを除きますと5200件ほどにまで減ります。さらにこの中で、オープンアクセスですぐに読める論文に絞り込むために「本文あり」というタブを選びますとこんな論文が見つかりました。

第 4 章　図書館へ行かなくとも探せる情報　文献データベース

ビタミンDによる骨折予防効果の社会的意義(原著論文)

田中 清(神戸学院大学 栄養学部公衆栄養・衛生学部門), 桑原 晶子
栄養学雑誌(0021-5147)80巻4号 Page219-228(2022.08)

骨粗鬆症性骨折は、多額の医療費・介護費用を要する疾患である。近年、骨折予防のエビ
デンスを持った治療薬が多数開発されており、高リスク者に対する使用はおおむね正当化
される。しかし医療費は有限の資源であり、それを適正に配分するという観点からは、低
〜中リスク者に対する高額な薬剤使用には問題がある。ビタミンD欠乏により、くる病・
骨軟化症が起こるが、より軽症の不足であっても、骨折リスクとなる。一方でビタミン
D…もっと見る

　栄養学雑誌という雑誌の 2022 年 80 巻 4 号 219 ページから始まる田中さ
んという方が書いた論文です。論文の内容の概略を示す抄録も付いています。
また、この栄養学雑誌という雑誌は少し前に紹介した J-STAGE に入ってい
ますので、DOI などをたどってゆくと論文の読めるページを見つけることが
できます。

2　ディスカバリーサーチ

　これらの他にも、無料や有料の文献データベースはたくさんあります。英
語も含めればさらに数多く存在します。どのような情報が欲しいかによって
検索する文献データベースを選ぶのですが、選ぶだけでもとても大変かもし
れませんので、そこはやはり専門家である図書館員に尋ねるのがよいでしょ
う。

　近年、図書館の蔵書目録である OPAC（Online Public Access Catalog）に加
えて、幾つかの文献データベースを含めて、横断的に検索することのできる
ディスカバリーサーチと呼ばれる検索システムを導入する大学図書館や公共
図書館が増えてきています。ディスカバリーサーチでは、Google とよく似
た検索画面で、検索ボックスへキーワードを書き込んで検索ボタンを押すだ
け、というシンプルな作りで、検索結果は適合度順にリストアップされます。
そして、その検索結果は図書とか雑誌論文などが混在する形でリストアップ
されます。どのようなデータベースを同時に検索できるかは、各図書館で契
約する有料や無料の文献データベースのラインナップによります。

　上図は、2024年よりサービスが開始された東京都立図書館でのディスカバリーサーチの例です。東京都立図書館では医中誌Webなどの文献データベースの他に、朝日新聞クロスサーチなどの新聞記事データベースや、ジャパンナレッジのような辞書データベースも含んでいますので、それらを含めて横断的に検索しています。

　骨粗鬆症というキーワードで検索した結果、学術雑誌に掲載された論文や、東京都立図書館が所蔵している書籍などが一緒に検索され、適合度順（ここでは「関連度順」と表示されています）にリストアップされています。

　ディスカバリーサーチでは、データベースを横断的に検索するための検索エンジンを契約して利用していますが、これはかなり高額なものですので、全国の図書館に普及するには時間がかかるかもしれません。しかし、2024年春現在でも、東京都立図書館の他に、明石市立図書館、長崎市立図書館などで導入されています。大学図書館では、九州大学を初め東邦大学、佛教大学、立教大学などで導入され、次第に広まってきています。また、その図書館の利用者証を持っていなくとも、有料データベース以外のデータベースは検索できることが多いようです。検索結果にはオープンアクセス論文もたくさんありますので、その場で学術論文の本文を読むことができるかもしれません。

　詳しい使い方などは図書館員に尋ねるとよいでしょう。

第5章　インターネットにある辞書　ウィキペディアを中心に

　自分や家族の病気、その治療法などについて知りたい時には、多くの人はまず Google などの検索エンジンを使って検索することでしょう。様々な情報が玉石混交で並んでいるのがインターネット情報の特徴ですので、情報リテラシー、中でも健康情報リテラシーを駆使して、自分や家族にとって何が必要で適切な情報なのかを評価して選び出すのが情報に振り回されないコツです。

　インターネット上にも多くの辞書や辞典があります。医学分野ばかりではありませんので、必要に応じて使い分けるのが良いのですが、それには少し予備知識があると、より上手に利用することができます。

　ここでは、インターネットで利用できる医学系の辞書をいくつか紹介します。それらの中でも最も利用されているのがウィキペディアです。

1　ウィキペディア（Wikipedia）

　病気のことを調べようとインターネットで検索すると、多くの場合最初のページにウィキペディアの該当項目が出てきます。ウィキペディアは、今やインターネット上の百科事典として、世界中で最も頻繁に利用されていると言ってもいいでしょう。例えば、2011 年 3 月 11 日に起きた東日本大震災の時には、テレビのニュースなどから耳慣れない言葉がたくさん飛び込んできました。地震の大きさを表す「マグニチュード」という言葉もその一つです。この日 3 月 11 日にウィキペディアでは「マグニチュード」という言葉の検索回数が約 21 万回ありました。同様に、その直後に起こった東京電力福島第一原発の事故についても、3 月 21 日に「炉心溶融」という言葉が約 69 万回検索されたということです。[1] このことは、人が何かを知りたいとき最初に調べるのがウィキペディアである、ということをよく表しています。

そこで最も気になるのが、「ウィキペディアは本当に信用してよいのか？」ということです。結論から言いますと、現在では一般的には「ほぼ信用してよい」ということになっています。ただし、医学や健康に関しては、新しい情報などが次々と登場してきていますので、もしかしたらウィキペディアの情報はすでに古いかもしれません。

　いずれにしろ、まず、ウィキペディアとはどのようなものなのかについて知ることが大切です。誰がどのようにしてつくっているのか、ということですね。

1.1　ウィキペディアの成り立ち──誰がつくっているのか

　ウィキペディアは、2001年1月にジミー・ウェールズとラリー・サンガーによりつくられました。もちろんそこへ至るには様々な経緯がありましたし、何よりもコンピュータとネットワークを利用した新しい技術の応用ですので、工夫も必要でした。しかし、2人（とその仲間たち）は、「誰でも参加でき、誰でも使えるインターネット上の百科事典」づくりを目指したのです。そして、彼らはお金儲けを目的としてはいませんでした。

　ウェールズは最初ヌーペディアという無料の百科事典をつくるのですが、これは専門家が専門家向けに項目を書くというこれまでの百科事典づくりに見られるような古典的な辞書づくりの方法でした。しかしこれでは、各項目の説明記事をつくるのに時間がかかりすぎるので、ウィキという別の方法を用いて、誰でも作成に参加できる方法をつくり上げてゆきました。これをウィキペディア（Wikipedia）と名付けたのです。ウィキ（Wiki）はハワイ語で「速い」という意味で、パソコンネットワークで使われていたブラウザ（エッジやクロームやファイヤーフォックスやサファリなど）のウェブページを作成できるシステムです。ペディア（Pedia）はギリシャ語で教育というような意味合いで、百科事典をエンサイクロペディアと呼んでいますが、そのペディアと同じ意味です。つまり、素早く作成・提供できる百科事典、というような意味を表しています。後に非営利団体であるウィキメディア財団の所有となり、管理・運営することとなるのですが、このあたりの事情については、ウィキペディアの中の「ウィキペディア」という項目で詳しく紹介

されています。

　建前上は、誰でもウィキペディアの記事を書くことも、書き換える（修正する）こともできます。それが大きな特徴です。しかし記事を書くには一定のルールもあり、ウィキペディアガイドブックというものもつくられています。そこでは大きな3つのルールとして「検証可能性（情報を別の方法で確認できる）」、「独自な研究は掲載しない（自分の意見を発表する場ではない）」、「中立的な視点に立つ」が挙げられています。記事を書くにはまず利用者登録をしてアカウントを作成します。そのようなアカウントを登録した人が記事の作成・修正等を行い、そのアカウント名による編集履歴を残すことが記事の信ぴょう性や信頼性を高める上ではとても大切です。その際には、その記事を書く根拠となった情報源を明示することが求められています。[2,3]

　もちろんアカウントがなくとも記事を書いたり修正したりすることもできます。この点が信頼性に対する疑問となっているのですが、誰でも勝手なことが書けるということは、同時に他の人が正しい情報に修正することもできる（ファクトチェック）、ということを意味しています。つまり自律性があるので、事典としての正確さや適切さが維持できているのです。記事に対して検閲や校閲は行われないのですが、無法地帯ではなく「自分の考えを発表する場ではない」、「広告ではない」などの基本的なルールは守らなければなりません。このため全体を見渡す管理者という人がいます。日本では2001年5月に日本版ウィキペディアがスタートするのですが、2013年の時点で56人の管理者と、アカウントを持つ編集者が12,072人いました。

　2019年9月3日に放送されたテレビ番組『マツコの知らない世界』は「ウィキペディアの世界」と題したものでした。この番組には、日本でウィキペディアの初期から編集者として活躍してきた「さえぼー」さんをはじめとして数人の編集者が出演しました。記事の書き方やその際の工夫などの裏話を紹介しており、大変に興味深いものでした。ウィキペディアの記事作成に参加している元図書館員である門倉百合子氏の『70歳のウィキペディアン』[4]や、やはり学校図書館の司書であった伊達深雪氏の『ウィキペディアでまちおこし』[5]というウィキペディアタウンの実践記なども出版されていますので、ウィキペディアの記事がどのようにつくられているのかを知ることが

できます。

　ウィキペディアの参加国や項目数は非常な勢いで増加し、2024 年 5 月現在で、世界のおよそ 300 カ国が参加し、項目数は 5500 万項目に上っています。そのうち日本語版ウィキペディアでは 141 万 5630 項目が登録されています。英語の項目は 600 万件以上あり、そのうちの 3 万件は医療に関するものです。もちろん日々増加しています。最近の例ですと、新型コロナウイルス感染症が世界に蔓延しパンデミックとなった時に、日本版のウィキペディアでも、2020 年 2 月 10 日に「新型コロナウイルス感染症 (2019 年)」という項目が登録されました。その後多くの更新が行われ、2024 年 5 月 3 日現在 600 回以上更新されています。また出典情報としても 219 件の情報源が列挙されています。その多くは学術雑誌などに掲載されている学術論文です。関連項目や学会などの外部リンクも多く示されています。また、各更新情報には投稿した人の名前なども掲載されています。

1.2　ウィキペディアは使えるか？

　ウィキペディアが登場した当初は、確かにその内容の正確さには疑問符を付けられることが多くありました。「Nature」という有名な科学週刊誌があるのですが、2005 年にウィキペディアの正確さを検証するためにブリタニカ百科事典と比較した記事が掲載されました[6]。科学分野の 42 項目について、その間違いの数を比較しているのですが、ブリタニカが 123 カ所の間違いに対してウィキペディアの間違いは 162 カ所でした。確かに数字上はウィキペディアの方が間違いの数は多かったのですが、逆にブリタニカにもこんなに間違いがあり、ウィキペディアの間違いが特別多かったわけではない、というのが世間での評価でした。また、中国で最もよく利用される百度百科（Baidu）とウィキペディアの医学情報を比較した最近の論文では、信頼性、読みやすさ、客観性の各評価項目でウィキペディアの方が優れていた、という結果が報告されています[7]。その理由の一つとして、ウィキペディアにはある参加者の自由な編集による内容の修正が百度百科には不足しているという点を挙げています。つまり、編集者同士の自由な情報交換の場が、事典としての正確性などを自律的に高めているということです。

104

また捏造された記事が新聞報道に利用された、という出来事もありました。2009年5月、オスカーを受賞したフランスの作曲家モーリス・ジャレの死去に伴うジャレの言葉が、アイルランドの学生によりウィキペディアへ投稿されたのですが、イギリスの新聞ガーディアンはそれをそのまま記事として掲載してしまいました。これを知った学生は、この記事は自分の捏造であったと告白したのです。これによりガーディアン紙は訂正記事を掲載することになりました。新聞記者がウィキペディアの記事を事実確認せずに鵜呑みにしてコピペ（コピー・アンド・ペースト）したことで起こった出来事でした。

　一方で学術研究の世界では、ウィキペディアを積極的に利用しようという動きもあります。2009年7月にアメリカ国立衛生研究所（NIH）はウィキペディア上の保健医療情報の拡充と信頼性の向上を図るためにウィキメディア財団との協力関係を結んでいます。[8] その中で「信頼できる健康情報に対する国民の高まるニーズを満たすために、NIHとウィキメディア財団は、国民が利用できる正確な医療および健康情報の入手可能性を高めたいと考えています。同時に、ウィキペディアと研究コミュニティの異なる文化を交流するための戦略を確立したいと考えています」としています。

　日本では土木学会が、学会としてウィキペディアで正確な情報を発信するという取り組みを行っています。「応用力学ウィキペディアプロジェクト」と名付けられたプロジェクトは、専門家による専門知識の発信、編集作業を通じた学生教育、学術団体による社会貢献の新形態の提案などを目指して用語解説や記事の作成を行うというものです。[9]

　大学生が自分自身の勉強やレポートの作成にウィキペディアを利用していることはよく知られていますが、「Wikipediaは大学授業での利用が可能な媒体であり、紙の辞書・事典に代わるものとして利用できる」という意見もあります。[10] さらに、学生にウィキペディアの記事を書かせることで、学術情報源を探し、知識を統合し、適切な参考文献を用いて明確な記事を書くという演習と社会への貢献を同時に行うことができる、という意見もあります。[11] 教育的利用ということです。

　図書館での評価はどうでしょうか。毎年秋に開催されている図書館界の大きなイベントである図書館総合展での報告を紹介します。2015年の図書館

総合展での「図書館員が選んだレファレンスツール 2015」と題したフォーラムで、企画者の大串夏身氏は、インターネット情報源の中でウィキペディアが第 8 位に挙げられている、と報告しています。上位にランクされていたのは第 4 章で紹介した国立情報学研究所の作るデータベース CiNii Research や国立国会図書館サーチ、様々な辞書を統合したジャパンナレッジなどでした。それらに次いで現役の図書館員もウィキペディアを調べものの道具として選んでいたのです。

　2017 年には、図書館の国際的な連合組織である国際図書館連盟（IFLA）は Presenting the IFLA Wikipedia Opportunities Papers（IFLA とウィキペディアの協力に関する報告書）を発表しました。この中で、公共図書館、大学図書館とも図書館側のミッションとしては情報への公平なアクセスを保証すること、ウィキペディア側のミッションとしては質の高い情報源となることとし、両者の連携による相乗効果で社会へ貢献する、としています。[12]

　国立図書館の事例としては 2023 年ウィキメディアスイス協会（Wikimedia CH）は、スイス国立図書館が、スイスに関連するウィキペディアの記事のアーカイブを開始したことを発表しました。アーカイブされた記事は、スイス国立図書館デジタルアーカイブコレクションへのポータルである "e-Helvetica Access" で閲覧できるとしています。[13]

　こうした動きを見ると、ウィキペディアはもはや便利な百科事典に止まらず、自分たちでより良いものをつくってゆこうという社会現象へとなってきています。ウィキペディアタウンの運動がその良い例かもしれません。ウィキペディアタウンは、2012 年にイギリスのマンモスという町で始まったとされていますが、自分たちで自分たちの町の記事をつくり、ウィキペディアに登録しよう、という運動です。これにはもちろん地元の図書館も関わっています。日本でも 2013 年には横浜市、森町（北海道）、伊那市（長野県）などでウィキペディアタウンの運動が行われています。2017 年 3 月には「ウィキペディアタウンサミット 2017 京都」が京都府立図書館で開催され、全国の多くの市町村が参加し、自分たちのウィキペディアタウンの活動報告を行っています。2023 年 7 月には茨城県立図書館が参加した「ウィキペディアタウン in 茨城」が行われ、すぐさまこれまでの記事の更新や新規の記事

の掲載が行われました。このように、現在でもウィキペディアタウンの運動が全国で展開されています。引用文献の5番目にリストしている伊達深雪氏の『ウィキペディアでまちおこし；みんなでつくろう地域の百科事典』は、京丹後市でのウィキペディアタウンの記録でもあります。「まちおこし」に利用するのはとても良いアイデアだと思います。

1.3　医学・健康分野でも

　医学や健康に関する分野でも、ウィキペディアを良くして役立つものにしようという動きが世界中で広まっています。ウィキペディアではウィキプロジェクトとしていくつもの主題別の討論の場を設けているのですが、その数は世界中で 2000 以上とされています。その中の一つに、医学分野の記事を対象とし 2004 年に設置されたウィキプロジェクトメディシン（WikiProject Medicine）というものがあります（https://en.wikipedia.org/wiki/Wikipedia:WikiProject_Medicine#Partners）。ここでは、「信頼できる情報源の特定（医学）」（英語版）という項目（指針）の編集・公開をするなどの作業をしています（https://en.wikipedia.org/wiki/Wikipedia:Identifying_reliable_sources_(medicine)）。

　この指針の中には情報源として「ウィキペディアのポリシーである中立的な視点、独自の研究の発表ではない、検証可能性の保証などに従い、記事は信頼性が高く、独立した、公開された二次または二次情報源に基づいている必要があります。（中略）一般ニュース メディアの健康関連コンテンツは、通常、ウィキペディアの記事の生物医学コンテンツの情報源として使用しないでください」などと記されています。

　また日頃の活動としては、例えば 2024 年 5 月の会では慢性閉塞性肺疾患をテーマに検討されたということです。このように、ウィキペディアの側でも正確な医学情報を伝えてゆく努力がなされています。

　医学の側も、正しい情報を市民に伝えるための努力をしています。先に紹介したアメリカ国立衛生研究所（NIH）のウィキペディアの情報の質を向上させようという方針はその良い例です。現代の医学を支えている「根拠に基づく医療（Evidence Based Medicine：EBM）」という考え方があります。序

章の5　シェアード・デシジョン・メイキングという項で少し紹介しました。科学的根拠に基づいて、最新の確かな医療をまとめたコクラン・ライブラリーという指針がつくられています。この指針づくりには世界中の専門家が参加して、多くの学術論文を読んで最新で確かな治療方法などをシステマティック・レビュー（Cochrane Database Systematic Review）としてまとめています。このコクラン・ライブラリーも2014年にウィキペディアと提携して健康関連の記事の質と信頼性を高めることを共同の目標としてパートナーシップを作りました。例えばウィキペディア日本版の「クローン病」の項目には、4件のコクランシステマティック・レビューが引用文献としてリストアップされています。

　世界中の何百万人もの一般市民、医学生、医療専門家、ジャーナリスト、政策立案者などが毎日ウィキペディアの健康関連情報にアクセスしています。そのため質の高い健康エビデンスを作成し共有するということが、ウィキペディアと協力するコクランのミッションなのです[14]。

　こうした医学の世界での動きもあり、現在では学術論文にウィキペディアの記事が引用されるようになってきています。ボールド氏は1,088の学術雑誌で2,049件がウィキペディアから引用されていた、という調査結果を発表しています[15]。現状では、まだまだその数は少ないのですが増加傾向にはあり、2011年以降急激にウィキペディアから引用される件数が増加しているとしています。例として世界的に有名な科学雑誌であるScienceに掲載された論文での引用などを紹介しています。もちろん学術論文にウィキペディアの記事を引用するのは適切ではない、なぜなら「オリジナルな研究情報ではない」からだ、とする考えもあります。事実を書いて意見は書かない、というのがウィキペディアの記事の大切な性格ですので、その考えももっともです。

　ウィキペディアの記事は有用な情報源ではありますが、その記載されている内容を鵜呑みにするのではなく、情報を調べるための入口として利用するのが望ましいと言えます。ウィキペディアの記事ばかりではなく、他の情報源にもあたり「裏を取る」ことが大切になります。ウィキペディアの記事のコピペは控えるべきでしょう。

2 MSDマニュアル家庭版 (https://www.msdmanuals.com/ja-jp/home)

　元々はアメリカの製薬会社であったメルク社が、1899年からつくり、提供してきたメルクマニュアルという医学事典でしたが、現在はMSDマニュアルという名前でオンラインの医学事典として公開・提供されています。病気の名前や症状から調べることができます。

　最も大きな特徴は、その項目を書いた人と書かれた日が記されていることです。このことはインターネット上の情報ではとても大切なことです。情報の内容の信頼度を高めることができるからです。どこの誰がいつ書いたのかわからない情報は、医療や健康に関わる情報としては信頼できません。その点この医学事典は信頼をおくことができます。ただ、アメリカの製薬企業がつくっているということで、アメリカの医療を反映しており、必ずしも日本の医療に基づいているものではない、という点には注意が必要です。

　内容は、絵や写真も多く、とても読みやすいものとなっています。ここで紹介したのは「家庭版」となっていますが「プロフェッショナル版」という医師向けのウェブサイトもあり、「家庭版」で読んだ内容から「プロフェッショナル版」へ飛ぶこともできるようになっています。より詳しい内容の情報も見ることができます。

3　ライフサイエンス辞書 (https://lsd-project.jp/cgi-bin/lsdproj/ejlookup04.pl)

　1993 年に京都大学大学院薬学研究科の金子周司氏が開発した生命科学分野の辞書サービスで、生命科学用語を収録した英日対訳の辞書です。教育者、研究者および学生に提供し、我が国の生命科学の発展に寄与することを目的として作られています。

　事典ではなく用語集ですので、言葉の意味の説明はありません。ですから英語から日本語、日本語から英語への辞書として利用します。ただ、最大の特徴は PubMed や Google Scholar などの文献データベースへのリンクガイドがつくられている点にあります。骨粗しょう症で調べてみると、英語では Osteoporosis ということがわかります。その右上には PubMed などのリンクが表示され、PubMed の部分をクリックすると PubMed の画面へ飛び、Osteoporosis で検索した結果が表示されます。同様に Scholar をクリックすると Google Scholar での検索結果のページへ、Google では Google での検索結果ページへ、Wikipedia をクリックするとウィキペディアの検索結果ページへ行きます。このように、ライフサイエンス辞書を手掛かりとして調べ物の幅を広げることができます。

　ただ、残念なことにリーダーの金子氏が 2023 年 3 月に定年退職を迎えたことにより、ボランティア事業としての継続が難しくなりました。サービスやコンテンツの継承と譲渡について交渉中であり、可能な限り利用者の方々

のご迷惑にならないよう努力します、とのメッセージが最初のページに掲載されています。データの追加・更新は難しいかもしれませんが、2024年5月現在では、問題なく利用することができています。

4　がん情報サービス　(https://ganjoho.jp/public/index.html)

　がんに関する情報については、2006年につくられた「がん対策基本法」により国立がん研究センターに設置された「がん対策情報センター」の行う「がん情報サービス」がとても役に立ちます。このサイトでは最初に「確かながんの情報をお届けします」と宣言されています。

　病名から検索できることが基本ですが、日常生活や制度・サービスについても詳しく解説されています。がんの診断や治療ばかりではなく、日常生活を送るうえでのアドバイスが書かれているのも、患者に寄り添った情報提供であると思います。治療をしながら仕事を続けることや、お金に関わる話も大切です。

　ここには、PDFでつくられているパンフレットも豊富に用意されていますので、必要なものをダウンロードしたり印刷したりして利用することもできます。

5 多くの辞典をまとめて調べる　コトバンクとジャパンナレッジ

　医学分野に限定はしていないのですが、医学に関わる部分も含んでいる総合的な辞典を2つ紹介します。

　コトバンク（https://kotobank.jp/）は、2008年に朝日新聞社などによりつくられ、その後Digitalio社が作成し、無料で提供しているインターネット上の辞書や百科事典、教科書などの統合辞書です。デジタル大辞泉や世界大百科事典などの百科事典、日本国語大辞典などの各国語辞典、日本人名大辞典などの人名辞典など多彩なラインナップです。中には朝倉書店の「朝倉内科学」のような医学の教科書も含まれています。

　検索するためのキーワードを入力すると、それらの情報源を横断的に検索して列挙してくれます。例えば「骨粗鬆症」で検索すると、デジタル大辞泉、日本国語大辞典などと並んで「朝倉内科学」からの説明がリストされます。「骨粗しょう症」と一部をひらかなとしたキーワードで検索すると、ちょっと異なる結果となるので、そのあたりはキーワード選びに工夫が必要かもしれません。

　インターネット上の無料の百科事典としてウィキペディアと比較されることも多いのですが、コトバンクは元々の情報源がすでにでき上がっている辞書ですので、日々更新される可能性のあるウィキペディアとは少し異なります。

　ジャパンナレッジ（https://japanknowledge.com/）は、コトバンクと同様に多くの辞書・事典を集めて統合的に検索するデータベースです。2001年より小学館グループのネットアドバンス社が運営しています。2024年の時点で約80種類の百科事典や各国語辞書、人名辞典などをまとめています。中でもコトバンクにはない吉川弘文館の「国史大辞典」を収録しています。この「国史大辞典」は、本章の1.2「ウィキペディアは使えるか？」で紹介した図書館総合展のフォーラム「図書館員が選んだレファレンスツール2015」では、紙媒体の部で1位に選ばれています。また、辞書・事典の他にも東洋文庫や日本古典文学全集などの書籍、週刊エコノミスト、ニューズウイーク日本版の中からの記事も含まれています。

残念ながら有料のオンライン辞典ですので、誰でもが使える訳ではありませんが、大学図書館では学生が利用するための重要な辞書データベースとして契約している図書館が多いです。公共図書館でも導入館が増えています。また高校などの学校図書館で導入しやすいスクール版もあります。個人で契約するパーソナルというオプションもありますが、これは大学の教員などに向けたサブスクのようなものでしょうか。

〈引用文献〉

1) 日下久八「ウィキペディア──その信頼性と社会的役割」『情報管理』2012、55 巻 1 号、p.2-12

2) 日下久八「ウィキペディアの基本的な編集方法と考え方──間違いを正しく編集する」『情報管理』2012、55 巻 7 号、p.481-488

3) 渡辺智暁「われわれはウィキペディアとどうつきあうべきか──メディア・リテラシーの視点から」『情報の科学と技術』2011、61 巻 2 号、p.64-60

4) 門倉百合子『70 歳のウィキペディアン』(郵研社、2023)

5) 伊達深雪『ウィキペディアでまちおこし──みんなでつくろう地域の百科事典』(紀伊国屋書店、2024)

6) Giles J Internet encyclopedias go head to head. Nature 438;900-901, 2005

7) Li X 他 Assessment of medical information on irritable bowel syndrome information in Wikipedia and Baidu Encyclopedia: comparative study. PeerJ. 2024 May 24;12:e17264. doi: 10.7717/peerj.17264.

8) NIH and Wikimedia Foundation Collaborate to Improve Online Health Information. (https://www.nih.gov/news-events/news-releases/nih-wikimedia-foundation-collaborate-improve-online-health-information)

9) 山川優樹、柴田俊文、中井健太郎「専門知識の発信による学会の社会貢献──土木学会応用力学委員会のウィキペディアプロジェクト」『情報管理』2013、55 巻 11 号、p.819-825

10) 依田悠介「Wikipedia は大学教育で資料となり得るのか」『東洋学園大学紀要』2022、30 号、p.20-304

11) Jemielniak, D. Bridging the gap between Wikipedia and academia. Journal of the Association for Information Science and Technology. 2016, 67(7) : p.1773-1776

12) Presenting the IFLA Wikipedia Opportunities Papers 2017 (https://www.ifla.org/news/presenting-the-ifla-wikipedia-opportunities-papers/)

13) ウィキメディアスイス協会、スイス国立図書館がスイスに関連するウィキペディアの記事のアーカイブを開始したことを発表 国立国会図書館カレントアウェアネスポータル 2023 年 7 月 26 日 (https://current.ndl.go.jp/car/185689)

14) The Cochrane-Wikipedia Partnership in 2023 (https://www.cochrane.org/news/cochrane-wikipedia-partnership-2023)

15) Bould MD 他 References that anyone can edit: review of Wikipedia citations in peer reviewed health science literature. BMJ. 2014 Mar 6;348:g1585. doi: 10.1136/bmj.g1585.

コラム

【コラム 2】

SNS の医療・健康情報

　総務省が作成する令和 5 年版の情報通信白書によると、世界のソーシャルメディア（SNS）の利用者は、2022 年の 45 億 9000 万人から 2028 年には 60 億 3000 万人に、日本でも 1 億 200 万人から 1 億 1300 万人に増えると予想されています（https://www.soumu.go.jp/johotsusintokei/whitepaper/r05.html）。

　これを、SNS のサービスごとにその利用率を見ると、「LINE」は、全年代で 90％を超える利用率となっています。また、「Instagram」が 56.1％、「X（旧 Twitter）」が 49.0％、「Facebook」が 30.7％で「LINE」に続いています。これらのサービスは、特に 10 代、20 代で利用率が高く、30 代、40 代、さらに 50 代、60 代でも利用が広がっていく傾向にあります。[1]

　SNS にはいくつもの種類がありますが、第 6 章で紹介する「YouTube」の他にも「LINE」、「Facebook」、「X（旧 Twitter）」、「Instagram」、「TikTok」などがあります。これらを利用する目的としては、1 番目に「LINE」や「Facebook」にみられるような知人や家族とのコミュニケーションが挙げられていますが、2 番目には知りたい情報を探すため、ということが挙げられています。つまり、医療・健康情報を含め、調べもの目的で利用されることも多いのです。膝や腰が痛い時には、まずインターネットで調べる、というのはごく普通に見られる行動かと思います。

　ここで気をつけておきたいのは、「LINE」が直接家族や友人などと情報を交換するクローズ型であるのに対して、それ以外の SNS の多くはオープン型（公開型）で、発言・発信した人の情報を誰でもが見ることのできる状態にある、という点です。公開型であるという点ではウィキペディアに似ているのですが、情報発信のルールや自律的に訂正されるような仕組みはありません。それどころか、一度発信された情報は、限りなく拡散してゆくという性質をもっています。

　最初に紹介した総務省の情報通信白書にも、「我が国でもインターネット上の偽・誤情報拡散の問題が拡大している。総務省が 2022 年 3 月に実施した調査では、我が国で偽情報への接触頻度について「週 1 回以上」（「毎日又はほぼ毎日」と「最低週 1 回」の合計）接触すると回答した者は約 3 割であった。また、偽情

報を見たメディア・サービスについては、「ソーシャルネットワーキングサービス（SNS）」、「テレビ」、「ポータルサイトやソーシャルメディアによるニュース配信」の順に高くなっており、特に SNS については 5 割を超えた」と報告されています。

　YouTube には多くの医療・健康情報があり、患者や家族また一般市民が病気などについて学習するには、ある程度の効果があるとされています。もちろん正確な情報であるかどうかという点については、まだまだその品質は低いという評価がされています。例えば、「心臓リハビリテーション」に関する YouTube 上の動画 140 本を、きちんとした評価基準を用いて評価した結果、高品質のものは 19.3％に過ぎず、中品質が 12.9％、低品質のものが 67.9％であった、という報告もあります。[2] YouTube 動画を医療関係者が評価した論文は、毎週のように出ていますが、その多くは同じような結果を示しています。

　Instagram における医療情報の評価調査でも、「＃痛み」を付けて発信されている画像投稿の分析では、インスタ映えが主要な関心事であり、治療院や施術所の写真が最も多く、身体の中の痛い個所などの写真は 5 位以下になっているとしています。また 3 割近い写真が何らかの形で広告に関連していた、と報告しています。[3]

　インターネット上にある医療・健康情報の質を上げてゆかなければならないという気持ちは多くの医療関係者がもっています。新型コロナウイルス感染症が世界に蔓延した時に、多くの偽情報が世界中で拡散されました。そうした中で、Twitter や Instagram で正しくて適切な情報を提供しようという試みが日本でも行われました。[4]「こびナビ」と名付けられた活動では、医療や科学に携わる専門家自身が主催・運営し、科学的根拠に基づいた信頼性の高い情報発信をすることにより、SNS に蔓延している誤情報との差別化を図り、特に既存のメディアからは遠い場所にいる若い世代に対してアプローチしてゆこうというものです。具体的には「Clubhouse/Twitter スペース」や「Instagram ライブ」による配信や参加者による討論などを行った、というものです。特に、最新の医学情報に関して専門家同士の議論を直接聞くことができる、という点で効果的であったと報告しています。

　また、SNS 依存症も問題となっており、ある調査では 17.42％ という数字もあげられています。[5] さらに、SNS 依存症を予防するにはメディアリテラシーを身につけることが大切であるとされています。[6]

コラム

　このように、SNS はスマートフォンで調べて、すぐに情報を見ることができる手軽さから広く情報入手の手段として日常的に利用されています。そこには多くの落とし穴があることも知っておかなければなりません。

〈引用文献〉

1) 総務省情報通信政策研究所「令和 5 年度情報通信メディアの利用時間と情報行動に関する調査報告書」令和 6 年 6 月（https://www.soumu.go.jp/main_content/000953020.pdf）

2) Tezcan H, Akyildiz Tezcan E. Assessing the Quality and Reliability of Cardiac Rehabilitation Information on YouTube: A Systematic Evaluation. Cureus. 2024 Jun 20;16(6) p.e62752. doi: 10.7759/cureus.62752. PMID: 38912080

3) 島岡要、他「Instagram と医療情報」『医学のあゆみ』2019、270 巻 6/7 号、p.582-585

4) 曾宮正晴、他「新型コロナワクチン啓発プロジェクト『こびナビ』の SNS を利用した科学・医療コミュニケーションの実践」『科学技術コミュニケーション』2022、31 号、p.29-38（CoSTEP 北海道大学科学技術コミュニケーター養成ユニット）

5) 金城文「ネット依存の実態」『カレントテラピー Current Therapy』2023、41 巻 11 号、p.12-16

6) 川邉憲太郎 「SNS 依存の診断、症状、治療、予防」『カレントテラピー Current Therapy』2023、41 巻 11 号、p.43-47

第6章　インターネット上の健康情報サイト

　インターネットにある医療・健康情報は玉石混交の状態にあることは何度か紹介しました。正しい情報も、正しくないデマ情報も混ざり合った状態で私たちの目の前に現れています。Google のような検索サイトに、思い浮かんだキーワードを書き込んで検索すると、様々なウェブサイトがリストアップされます。そうした多くのサイトの中から、自分の求めるものに合った適切で正しい情報を見極めるのは難しく、情報リテラシー、中でも健康情報リテラシーが必要になってきます。情報リテラシーとはどのようなものなのかについては、第1章で紹介しましたので、ここではインターネットにある健康情報サイトをいくつか紹介したいと思います。

1　健康情報サイトに必要なこと──信頼のおけるサイトの条件

　信頼のおける情報サイトの条件はいくつか挙げることができます。
　①　誰が書いたのかがわかる
　②　いつ書いたのかがわかる
　③　説明されている内容の根拠となる情報源が示されている
などです。他にもいくつかあると思います。そうした健康情報サイトの順守すべき基準も考えられています。ここでは日本の e ヘルス倫理コードと、国際的な HON コードを紹介します。

1.1　e ヘルス倫理コード

　（https://www.jima.or.jp/Portals/0/resources/img/ehealth_code30.pdf）
　e ヘルス倫理コードは、一般社団法人日本インターネット医療協議会（JIMA）の作成するもので、2003 年につくられました。最新のものは2018 年に改訂されたバージョン 3 です。こうした基準を設けた目的として、

JIMA のホームページには「医療・保健・福祉等のヘルスケア分野において、インターネット等の情報通信技術を利用して提供される情報やサービスの質と信頼性を高めていくため」と記されています。

eヘルス倫理コードは、この後紹介する HON コードを元にしていますが、全体は「基本情報の開示」から始まり、「コンテンツ」、「コミュニケーション」、「ケア」、「サービス」、「コマース」、「プライバシー」という7つの部門に分けられ、合計で129項目からなっています。また、一般市民を含む医師や薬剤師などの医療関係者、病院、製薬企業などの企業、福祉団体、大学、学術団体など医療に関わる全ての人々を対象としています。

eヘルス倫理コードの最初に書かれているのは、「1.1 運営主体者に関する情報の開示」で、「サイトの運営主体者に関する基本的な情報を開示する。基本的情報として、ウェブサイト運営者の名前（法人、団体名）、代表者名、住所、電話番号、FAX 番号、電子メールアドレス等があげられる。これらの情報は特別な理由がない限り、トップページまたはトップページから直接リンクされるページのわかりやすい場所に記載する」としています。

誰がこのサイトをつくり、情報提供をしているのか、ということの明示です。また、2.10「医学情報」の項では「2.10.1 医学情報は、科学的な根拠や裏付けがあって、現在において妥当と考えられる水準を満たすものであるようにする」として、情報は根拠のあるものであることや「2.9.3 コンテンツの新規公開日、更新日を明示する」という、書かれた日付も明示することも規定されています。最後の部分では、個人情報やプライバシーへの配慮もうたわれています。

また、各領域の客観的基準に基づき、セルフアセスメント（自己評価）をおこない、JIMA の審査委員会による審査認定を受けると当該サイトに JIMA トラストマークが付与されるというトラストプログラムがあります。この審査を通過すると、トラストマークをサイトに掲載することができます。ただ、このeヘルス倫理コードがあまり知られていない、ということもあり、現状ではこのマークを掲示しているウェブサイトはまだ多くはないようです。

1.2　HON コード

HONcode (Health On the Net Foundation code) は、2001 年にスタートした非営利団体により、インターネット上の医療・健康情報の質を高めるための基準を提唱したものです。残念ながら 2022 年末で情報の更新を停止したのですが、その考え方は現在でも意義のあるものとして評価されています。以下の 8 項目の倫理コードからなっています。

1　Authority　医学・健康に関する教育を受け、資格をもつ者が提示していること

2　Purpose of Website　患者と医師の関係を支援するものとして設計されていること

3　Confidentiality　医学・健康ウェブサイトを訪れた患者や個人の情報に関するプライバシーを、その身元も含め尊重すること

4　Documentation　掲載される情報には、著者名と日付を明記するなどの情報開示を行うこと

5　Justification of claims　質問や疑問に対して適切な偏りのない証拠で答えること

6　Website contact details　作成責任者の連絡先を明示すること

7　Disclosure of funding sources　資金源を開示すること

8　Advertising policy　広告がその資金源である場合は、そのことを明確に宣言すること

日本では、NPO 法人キャンサーネットジャパンが 2012 年に HON コードの認証を取得しています。ただ、残念ながらそれ以外では HON コードに準拠してウェブサイトを作っている、としているものは見かけません。

2　健康情報サイトとしての YouTube

2023 年 11 月の朝日新聞に、こんな記事が掲載されました。YouTube に投稿されたがんの治療に関する動画が、医学的に誤った情報であったため、

YouTube側から削除されたというものです。

　第5章で紹介したように、同じインターネットの投稿サイトであるウィキペディアでは、誰でも誤った記事を訂正・修正できる仕組みがありましたので、自律的に記事内容が適切なものに修正されましたが、YouTubeは動画投稿サイトですので、投稿したらそのままの形で誰でもが再生して見ることができます。いわば勝手し放題の無法地帯であるともいえるのです。

朝日新聞2023年11月5日

　まず、YouTubeについて少し見てみましょう。2005年にアメリカで数人の若者により開発された動画投稿サイトなのですが、翌2006年にGoogleに買収されています。現在ではGoogleにより提供されているのですが、YouTubeの画面を見てもそのことはよくわかりません。YouTubeというプラットフォームがある、ということです。その大きな特徴は、見る人が多い、という点にあります。視聴者数が多いということは、投稿数も増えるということで、この2つの数字は相乗効果となって増え続けています。小・中学生が将来なりたい職業としてユーチューバーがかなり上位にあげられることもあります。職業ですからお金儲けもできる、ということです。つまり、YouTubeに投稿してバズる（人気が出て再生回数が多くなる）とその分広告収入も増える、という仕組みです。このあたりがウィキペディアと大きく異なる部分です。ウィキペディアでは「自分の意見は述べない」とか「情報源の根拠を示す」などのルールがありましたし、「宣伝・広告はしない」のでボランティアによる参加が基本でした。しかしYouTubeには特にそのようなルールがありませんので、なんでもありなのです。とはいっても、投稿に際しての一定のルールはありますので、それは後ほど紹介します。

　投稿される動画を、ここではコンテンツと呼ぶことにします。コンテンツ

には様々なものがあります。エンターテイメント（娯楽）系のものもあれば、最近では教育系のコンテンツも増えています。つまり勉強に利用できるのです。それらコンテンツの数は、毎日増え続けているということもあり、視聴者の数と同様に正確に数えることは難しいでしょう。

医療・健康情報のコンテンツも多数あります。もちろん内容は様々ですが、中でも動画を見てわかりやすいコンテンツである、体を動かす運動であるとか、外科的な治療などは参考になりますので、コンテンツにしやすいという面もあります。一番の問題は、不正確で不確かな情報も投稿される、という点にあります。実際健康に大きく害を及ぼすような投稿も見られます。ウィキペディアでは禁止されている「広告・宣伝」も禁止されてはいません。日本の「医療法」という法律では、病院や治療の宣伝・広告はかなり規制されており、厚生労働省の作成する「医療広告ガイドライン」というものもあります[1]。しかし、患者等が自ら掲載する体験談や手記など、個人がSNSなどに投稿する情報は規制の対象外となっています。

医療・健康情報のコンテンツの数は増え続けています。第4章1.4で紹介した世界の医学関係学術論文を集めているPubMedというデータベースでは、タイトルや論文の概要をまとめた抄録の中にYouTubeという言葉が使われている論文の数は、2010年には45件であったものが、2015年には150件、2020年には465件、2023年には676件と増え続けています。全ての論文を読んだ訳ではありませんが、多くの論文はYouTubeコンテンツの内容には疑いの目を向けています。PubMedに収録されている医学論文の多くは専門家である医師が書いていますので、専門家目線からYouTubeの動画情報には批判的なものが多いようです。もちろん、専門家も患者向けの動画を数多く発信していますので、誰がつくって発信しているのかを見極めるリテラシーが大切になってきます。日本ではあまりYouTubeで発信される情報の質を評価した論文は多くはないのですが、一つ紹介します。脳卒中のリハビリテーションについての論文なのですが、結論としては「低品質であった」としています[2]。この論文では167本の動画のうち一般市民向けのものが108本（64.7%）であったが、その多くは民間企業が作成したもので、高品質のものは2本にすぎず、宣伝の媒体として利用されている可能性が高い、とし

ています。多くの動画は情報源の説明がされていないことが、内容の質を下げているということです。そして最後に、前節で紹介した HON コードなどの基準を元に質を上げてゆく必要がある、とまとめています。

　一方で、医療関係者が発信する動画もあります。いわゆる教育用コンテンツです。大学病院の耳鼻咽喉科の医師が YouTube へ公開した 27 本の動画がどのように見られているのかを調査した結果の報告です。16 カ月間で合計 27 万回再生されたのですが、一般の患者さんが正しい情報にたどり着くのは容易ではないので、専門医が動画の特質を生かして高品質の動画を作る必要がある、としています。[3] 動画の特質を生かすコンテンツづくりとしては、動きや音を有効に活用する、一般の人になじみのある用語を使用する、スマホなどの小さな画面で視聴することを想定して大きなテロップを使用する、などを挙げています。

　最初に紹介した新聞記事に戻ります。この朝日新聞の記事は、2023 年 8 月 15 日に YouTube の行った「有害または無効と証明されたがん治療に関する動画削除」を報じたものです。YouTube は「無法地帯」であると紹介しましたが、実はルールはあります。コミュニティガイドラインとして公開されているもので、「スパムと欺瞞行為」、「デリケートなコンテンツ」、「暴力的または危険なコンテンツ」、「誤った情報」などの項目があります。[4]

　医療・健康情報はこれらの大項目の中の「誤った情報」の中に位置づけられていて、「医学的に誤った情報に関するポリシー」として予防や治療に関する項目が挙げられています。[5] そして、違反するコンテンツへの措置として「コンテンツがこのポリシーに違反している場合は、そのコンテンツを削除し、その旨をメールで通知します」と定めています。繰り返し違反した場合には、チャンネルやアカウントの停止措置もとられます。

　このように、YouTube の動画には様々な質のものが含まれていますので、見る人の情報リテラシーが問われます。ただ、役に立つ教育用のコンテンツもたくさんありますので、まず「誰が作っているのか」を確認しましょう。私たち図書館員の世界でも、国立国会図書館は公式チャンネルでたくさんの研修用動画を公開していますので、日頃の勉強には欠かせないコンテンツとなっています。

SNS の情報については【コラム 2】を参照してください。

3　MEDLINE Plus（メドラインプラス）(https://medlineplus.gov/)

MEDLINEPlus はアメリカ国立衛生研究所（NIH）の中の国立医学図書館（National Library of Medicine：NLM）が作成し、インターネットで提供している医学・医療情報を集めたサイトです。病気や薬、医療機関や団体などについての信頼のおける情報を、患者やその家族また一般市民向けに提供するのが目的です。そのため、NIH や FDA（米国食品医薬品局）、CDC（米国疾病予防管理センター）その他の政府機関や研究所へ優先的にリンクを作成しています。大学の医学図書館や州立の公共図書館で消費者健康情報サービスを行っている図書館へのリンクも提供されています。

MEDLINEPlus を利用して、ある主題から情報を探す場合、癌や糖尿病など 44 の疾患名などのトピックがリストされているので、まずその中から選ぶとよいでしょう。それらのトピックは一般利用者が検索した検索キーワードを分析することによって選定されています。さらにその中で 1000 に及ぶサブトピックに細分されていて、例えば、Diabetes Mellitus（糖尿病）という大きな項目の中では、Type1 や Type2 に細分されており、さらに Type2 を選ぶと「症状」や「治療」などの項目に分けて解説されています。さらにページの先を辿ってゆくと Journal Articles という項目があり、PubMed から数件の論文がリストされています。その中の See more articles という部分をクリックすると PubMed の検索画面へ飛び、そこには誰もが無料で読むことのできる free full text に限定した最新の論文リストが表示されるので、医学的な根拠のしっかりとした専門的な

医学論文を読むことができます。

　この他にも、辞典や医薬品情報も検索利用することができます。医薬品は一般名や商品名で検索することができ、薬理作用からも探すことができます。各薬剤の元では投与法、禁忌、副作用などの説明がある他、病気の説明をしたビデオが用意されている場合もあります。健康のためのお料理レシピもあります。

　MEDLINEplus は英語で書かれていますが、2018 年には世界中から 277 万人により 7 億回の利用がありました。もちろん日本からのアクセスもあります。本文は英語ですが、一般市民が読みやすいように、優しい英語で書かれています。現在では手軽に利用できるインターネットの翻訳システムもありますので、日本語に翻訳して読むこともできます。また、スペイン語のページもつくられています。アメリカにはメキシコなどからの移民も多く、英語の話せない（スペイン語しか話せない）人々もたくさんいるための配慮です。

　NLM はアメリカの国立医学図書館ですが、国民への情報サービスに力を入れています。さらに世界の人びとも視野に入れています。1997 年に医学文献データベースである PubMed を世界へ向けて無料で公開したのも、そのことをよく表しています。MEDLINEPlus も同様に、世界の人びとへ向けて日々健康に生活を送れるように正しい医学・健康情報を提供する、という理想の元に活動しています。

4　ディペックス・ジャパン 患者の語り（闘病記）（https://www.dipex-j.org/）

　西加奈子さんという作家が書いた『くもをさがす』という本がベストセラーになりました。カナダで暮らす西さんが乳がんを患い、手術をして健康を取り戻す物語です。[6] この本はいわゆる「闘病記」です。患者が自分の病気を通して体験した様々な事柄を記したものです。西さんの『くもをさがす』のとても良い点は「終わりに」という最後のページに記されていた次の言葉です。「文中に登場した治療法や薬、出来事に関しては、あくまで私個人の選択であり、経験であることを強調したい。がん治療は人によって違うし、効能や結果も違う。もし、今あなたががんに罹患しているなら、あなたに

とってベストの選択をしてほしい」。ここには「闘病記」の本質的な問題と役割が書かれています。第２章の２で紹介した患者図書室では、特定の治療法を紹介している「闘病記」をあえておいていないところもあります。逆に「闘病記文庫」をつくっているところもあります。[7]このように、「闘病記」はあくまでも個人の経験や感想ですので、自分に適しているかどうかはわかりません。そうした点に注意をして読んでゆく必要があります。

ここで紹介するインターネット上のサイトは「健康と病の語りデータベース」というもので、がんをはじめとした様々な病気を抱え治療している患者が自分の体験や思いを話しているという動画です。認定NPO法人「健康と病いの語りディペックス・ジャパン」が2006年から公開しているものです。[8]元に

なっているのはイギリスのオックスフォード大学でつくられている「患者の語り」データベースで、その日本版です。一つの病気で複数の患者が体験を語っており、様々な状況を知ることができますし、画像と音声、それに文章という複数の方法で伝えているのも、見たり聞いたりする側には効果的です。例えば「乳がん」では、20代から70代までの52名（男性2名を含む）の方たちの1～4分のインタビュー動画が公開されています。動画の作成に当たっては、専門の訓練を受けた調査スタッフが体験者の方に直接インタビューをしていますし、語りの内容についても医療の専門家や患者会などのアドバイスを受けています。患者からも高い評価を受けています。[9]

5　その他の医療・健康情報サイト

アメリカでトランプ大統領が誕生して以来、「フェイクニュース」という言葉が世界中に広がりました。私たちにとっても今や日常語となりつつあ

125

ります。インターネット上には様々な医療・健康情報サイトがあります。宣伝・広告を主たる目的としたものや、中には意図的にフェイクを流しているケースもあるでしょう。そうした医療・健康情報サイトを見分けるのは簡単ではありません。これまでも紹介してきたように、「誰が書いているのか」、「いつ書いたのか」、「その情報の根拠となったデータは示されているか」などの点に気を付けてサイトを見ることが大切です。

　そうした数多くある医療・健康情報サイトの中からいくつか紹介したいと思います。

5.1　キャンサーネットジャパン（https://www.cancernet.jp/）

　キャンサーネットジャパンは 1991 年に設立された団体で、現在は認定NPO 法人となっています。設立の目的は「がん患者が本人の意思に基づき、がん治療に臨むことができるよう、患者擁護の立場から、科学的根拠に基づくあらゆる情報発信を行うこと」であるとして「がんになっても生きがいのある社会を実現するというヴィジョンを表すメッセージとして"Know（≠NO）More Cancer"をコアメッセージにしました」と宣言しています。本章1.2 で紹介した HON コードの認定を受けているサイトでもあります。

　そのために様々な取り組みをしています。その一つに講座や認定試験があります。例えば「乳がん医療情報のエキスパートになる」という講座は、乳がん体験者専用の講座で、乳がんと診断された時に直面する様々な問題を解決できる情報にアクセスし、提供できる人材、すなわち乳がん体験者コーディネーターを養成するためのプログラムです。専門の医師が講師を務めています。

　情報の発信にも力を入れており、ジャパンキャンサーフォーラムを毎年開催し、多くの患者や家族が参加しています。キャンサーチャンネルという動画サイトでは、科学的根拠に基づいた正確で信頼のおける医療情報を患者さんやご家族に向けてわかりやすく解説しています。多くの冊子も発行しています。「もっと知ってほしい子宮頸がんのこと」とか「もっと知ってほしい乳がんのこと」などです。これらの冊子は、キャンサーネットジャパンのサイトからダウンロードすることができます。

5.2 健康を決める力（https://www.healthliteracy.jp/）

医療・医学情報の専門家である中山和弘氏（聖路加国際大学）が主催する
ウェブサイトで、「日本におけるヘルスリテラシーの紹介とその向上を目指
して」作成しているものです。健康情報リテラシー（ヘルスリテラシー）を
高めるための教科書的な役割を果たしています。一般市民へ向けて書かれて
いますので、読みやすく分かりやすく丁寧な解説です。全体の量は少し多い
ので、小さな項目を拾い読みするのもいいでしょう。

5.3 ささえあい医療人権センター COML（コムル）（https://www.coml.gr.jp/）

1990 年に大阪を拠点に活動を開始し、現在は認定 NPO 法人として東京に
事務所を移しています。「患者が自立・成熟し、主体的に医療参加すること
を目指しており、患者と医療者が対立するのではなく、"協働"する医療の
実現が COML の願いです」とその活動趣旨には記されています。

主な活動は、電話による相談で、様々な困りごとを抱えた患者の電話相談
に応じています。その他にも「患者塾」（2023 年度から改称し、オンライン
開催の「医療の manabiya」）なども開催しています。

5.4 マギーズ東京（https://maggiestokyo.org/）

認定 NPO 法人で、がんを経験している人や家族や友人、遺族、医療者な
ど、がんに影響を受けるすべての人が、無料で予約なしに利用できる「場
所」です。そこは、がんに詳しい看護師や臨床心理士がいて、医療知識のあ
る友人のように話を聞いてくれる「場所」です。

マギーズセンターは、1996 年に英国で生まれました。マギー・ジェンク
ス氏（造園家）が、自身のがん体験から、「治療中でも、患者ではなく一人
の人間でいられる場所と、友人のような道案内がほしい」と願ったのがきっ
かけです。日本では 2011 年に訪問看護師の秋山正子氏が「暮らしの保健室」
を新宿に開き、2014 年に本格的な活動を開始しています。

5.5 医療・健康情報リスト／患者図書室おススメ資料紹介（日本医学図書館協会）

（https://jmla1927.org/committee.php?q=14294）

　日本医学図書館協会が作成し、一般市民や患者図書室向けにお勧めのサイトや本などを紹介しているものです。2024 年 6 月に公開されたのですが、まだコンテンツが充実しているとは言えません。ただ、確かな情報、図書館員が勧める本などをリストしていますので、情報の信頼性は高いです。例えば、「パーキンソン病」について調べてみると、「このテーマを探すときのキーワード」から始まり、難病情報センターや日本神経学会などの「ウェブサイト」、「お勧めの図書」などが、難易度の星印付きで紹介されています。公共図書館での選書にも十分に利用できます。またカーリルの所蔵情報へのリンクも付けられています。

　同じサイトで紹介されている「患者図書室おススメ資料紹介」と並んで、医療・健康情報の情報源を探し・見つけるサイトとして利用できます。

　この他にも多くのサイトがあります。国や地方自治体、大学、研究機関、学会などの発信している情報もあります。特に最近では、多くの学会が一般市民向けのウェブサイトを作っており、病気のことや治療のこと、また今後の過ごし方について情報を提供してくれています。それらの全てを紹介することはできませんが、本書の最後に付録として「おすすめ医療・健康情報サイト（東京版）」を掲載していますので、参考にしてください。このリストは、東邦大学医学メディアセンターのスタッフが日本図書館協会健康情報委員会の研修資料として作成したものです。

　また、本章ではウェブサイトを紹介していますが、個人の発信する X（旧 Twitter）、Facebook、インスタグラム、それに動画サイトとしては TikTok などいわゆる SNS（ソーシャルメディア）などもあり、情報を発信する方法は多彩です。医療や健康に関する情報を知りたいと思った時には、人それぞれの方法で探すと思います。そうした時に気をつけて欲しいことは共通しています。「誰が書いたのか」、「いつ書いたのか」、「その情報の根拠は何か」です。そして次に行うのは、その情報を別の方法で確認する、いわゆる「裏を取る」という作業です。

第 6 章　インターネット上の健康情報サイト

　「裏を取る」という作業は、自分一人で行うのは結構難しいです。「別の方法」を思いつかないことも多いからです。何故なら、インターネット上の情報に接していると「フィルター・バブル」や「エコー・チェンバー」という状態に陥りがちだからです。ここから抜け出す効果的な方法があります。図書館へ行くことです。次に紹介するのは、図書館のレファレンスサービスです。

〈引用文献〉

1)　厚生労働省「医業若しくは歯科医業又は病院若しくは診療所に関する広告等に関する指針（医療広告ガイドライン）」令和 6 年 3 月 22 日最終改正　(https://www.mhlw.go.jp/content/001231197.pdf)

2)　荻原啓文、他「脳卒中のリハビリテーションに関する YouTube 動画の質」『理学療法学』2021、48 巻 4 号、p.440-445

3)　高橋剛史、他「YouTube を活用した耳鼻咽喉科・頭頚部外科の医療情報発信」『日本耳鼻咽喉科学会雑誌』2023、126 巻 2 号、p.128-133

4)　YouTube「コミュニティガイドライン」(https://www.youtube.com/intl/ALL_jp/howyoutubeworks/policies/community-guidelines/)

5)　YouTube「医学的に誤った情報に関するポリシー」(https://support.google.com/youtube/answer/13813322?hl=ja)

6)　西加奈子『くもをさがす』(河出書房新社、2023)

7)　和田恵美子「『闘病記文庫』は患者・医療者に何をもたらすか──健康情報棚プロジェクトの多職種協働活動を通して」『情報管理』2006、49 巻 9 号、p.499-508

8)　佐藤（佐久間）りか、和田恵美子「『患者の語りデータベース』を活用した医療コミュニケーションの試み」『科学技術コミュニケーション』2008、3 号、P.89-100

9)　瀬戸山陽子「インターネット上の病のナラティブ"DIPE x（Database of Individual Patient Experience）"のウエブサイトに対する乳がん当事者による評価──語り手の映像の有無による評価の違い」『聖路加看護学会誌』2016、20 巻 1 号、p.10-18

【コラム 3】

マスメディアの医療・健康情報

　毎日テレビや新聞などのマスメディアでは、多くの病気に関連した情報が報道されています。では、一体どれくらいの量の健康情報がマスコミなどで流布しているのでしょうか。少し古いのですが、2005 年に行われた厚生労働省科学研究費補助金による調査「メディア（図書・雑誌・テレビ）における医学・健康情報流通量調査」、および翌 2006 年の調査「メディア（新聞・ラジオ）における医学・健康情報流通量調査」から紹介します。[1,2]

　まず、テレビでは 2004 年 7 月〜 9 月の 3 カ月間に 1464 番組（752 時間）が放送され、一日平均 16 番組（8.3 時間）で全体の 3.6％程度という結果でした。新聞では 2005 年 10 月の 1 カ月間で、1 紙あたり約 190 件（紙面面積比約 2％）、広告では全広告の 5 〜 6％（紙面の面積比）が薬・サプリメント等（1 紙につき約 400 件）に関するものでした。またラジオでは 2005 年 7 月〜 9 月の 3 カ月間で番組数のうちの 3.9％（1213 番組）で、時間数で 1.4％にあたりました。

　現在でもこの傾向は変わらないのではないでしょうか。全体量から見て、出版物では 6〜10％、放送では 1.4〜3.3％ を占めています。健康は多くの人が興味を持つテーマであり、マスメディア情報が健康に与える影響は大きいと思われます。マスメディアは難解な医学をわかりやすく、おもしろく伝える役割を担っており、その有用性は専門家も認めています。しかし、放送で発信される情報は一過性という性格が強く、受け手は受動的であり、偶然情報を得ることも多いでしょう。

　ウィキペディアの「健康情報番組」というカテゴリーには 61 もの番組がリストされています。『あしたが変わるトリセツショー』（NHK）や、『健康カプセル！ゲンキの時間』（TBS）などで、すでに終了している番組もありますが、『ホンマでっか⁉ TV』（フジ）や『あさイチ』（NHK）のような、時々健康問題がテーマとして取り上げられる番組もあります。

　しかし、医学的に間違った、あるいは視聴者に誤解を与えかねない内容の番組もあります。いつくかの例を紹介します。

2017年10月29日のNHKスペシャル『"血圧サージ"が危ない』という番組で紹介された内容について、J-CLEAR（日本研究適正評価教育機構）の桑島理事長が4つの問題点を挙げ

「健康番組で健康に関する正しい情報を提供することで、国民の健康に対する関心を促すことは重要なことではあるが、一方において誇大な演出による内容は、視聴者の『血圧不安症』を招き、救急外来受診の増加と薬の過剰投与をもたらす可能性もある」

と苦言を呈しました。[3] 2021年9月7日に放送された日本テレビの『ザ！世界仰天ニュース』のなかで、「ひどい肌荒れがまさかの方法で回復」との番組がありました。そのなかで

「ステロイドは本来体内で作られるが、ステロイド薬の使い過ぎにより体内でステロイドが作られなくなった。再び体内で作られるようにするには、ステロイド薬を断つしかない」

など、患者に不安を抱かせ自らステロイド剤の使用を中止する可能性もあったため、日本皮膚科学会、日本アレルギー学会、日本臨床皮膚科医会、日本皮膚免疫アレルギー学会、日本小児アレルギー学会、日本小児皮膚科学会、日本アレルギー友の会（患者会）は共同で抗議文を出しました（https://www.dermatol.or.jp/modules/important/index.php?content_id=53）。これに対して日本テレビは、9月14日に番組のサイトで謝罪広告を出しました。

広告についても同じような事例があります。2013年3月29日に、日本小児内分泌学会より、身長を伸ばす効果があると宣伝されているサプリメントに対して、「多くの、患者さんや保護者がこのような誇大広告やそれに類似する宣伝にまどわされることがないように、学会としての意見表明をさせていただきました」とステートメントを発表しています（http://jspe.umin.jp/medical/kenkai.html）。サプリメントによる健康被害としては、2012年の「にんにく卵黄」による肝障害や、2024年には小林製薬による紅麹による腎疾患などにより、広告を自粛したという例もあります。

週刊誌でも同じようなことが言えます。2013年に週刊誌における癌情報の流通量調査が行われ、その結果が学術論文として発表されています。[4] 2009年7月から2010年12月までに、週刊現代、サンデー毎日、週刊文春、週刊朝日、週

131

刊新潮、週刊ポストの6誌に掲載された記事36914件、広告21718件を調査したものです。その結果、癌関連記事は696件で全体の1.9%、広告は340件で1.6%というものでした。その内訳としては、治療に関する記事が最も多く32.8%で、続いて有名人の癌の記事が15.4%でした。治療の記事の中でも特に「免疫療法」に関するものが最も多く32.9%と全体の3分の1を占めていました。癌の治療は外科的な治療か薬による治療、放射線による治療が一般的で、2010年頃では免疫療法は未知のもので、様々な保険適用外の（あやしげな）自由診療などがありました。現在ではオプジーボという薬剤が開発されノーベル賞も受賞し、日本臨床腫瘍学会が「がん免疫療法ガイドライン」を作るなど、第4の治療法として一部の癌の治療に用いられています。治療の難しいがん患者や家族が、新しい治療法を探している切実さが窺われます。

　このような傾向は現在でも同じで、2024年6月の各週刊誌の特集記事を眺めてみると、「大腸がんを招く5大タブー」として「ビール大びん1本で発がんリスク1.6倍」（週刊文春6月13日号）、「肥満症治療の実力徹底検証」として「心臓・腎臓・肝臓を守る？糖尿病治療薬から転じて魔法の薬に」（週刊新潮6月13日号）、「病院では教えてくれない『薬の新常識』」として「『降圧剤』をすぐにやめられる人、やめると危ない人」（週刊ポスト6月7・14日号）などの記事が掲載されています。週刊現代6月8・15日号では「クスリ副作用と新常識」という10ページにわたる特集を組んでおり、「抗がん剤の6割は効かない」などの記事を掲載しています。どの記事も、一応専門家のコメントを取ってはいるようなのですが、読む人の心を掴むようなキャッチーで耳ざわりの良い表現を行っています。例えば、ある記事の中で「盲腸がん」という言葉が使われているのですが、医学用語としては「虫垂がん」と呼んでいます。しかし「虫垂」というより「盲腸」と表現したほうが一般の方にはわかりやすい、ということからあえてこのような言葉を用いている可能性はあります。
　癌情報などの医療・健康に関する様々な情報は、確立していない治療法など偏った見解を紹介している可能性はありますが、一般市民が理解しやすい方法で伝えられており、雑誌媒体の特徴をよく理解した上でなら、正確な情報が一般市民に伝えられる可能性はあります。

　ちまたにあふれるこのようなマスメディアの健康情報をきちんと理解するに

は、情報の信頼性などをきちんと評価できるリテラシーが求められます。ちなみに『ホンマでっか!? TV』は、番組の最後に「この番組に登場する情報・見解はあくまでも一説であり、その真偽を確定するものではありません。『ホンマでっか!?』という姿勢でお楽しみ頂けると幸いです」というコメントが流れます。エンターテイメントと情報の違いを認識してくださいね、ということですね。

〈引用文献〉
1) 諏訪部直子、他「メディア（図書・雑誌・テレビ）における医学・健康情報流通量調査患者／家族のための良質な保健医療情報の評価・統合・提供方法に関する調査研究班（主任研究者：緒方裕光）平成16年度総括・分担研究報告」p.7-16
2) 諏訪部直子、他「メディア（新聞・ラジオ）における医学・健康情報流通量調査患者／家族のための良質な保健医療情報の評価・統合・提供方法に関する調査研究班（主任研究者：緒方裕光）平成17年度総括・分担研究報告」p.9-16（https://mhlw-grants.niph.go.jp/system/files/2005/058021/200501294A/200501294A0001.pdf）
3) 桑島巖「NHKスペシャル『"血圧サージ"が危ない』に異議」『日本医事新報』2017、4886号、p.52-54
4) Nagata M et al. deliver Cancer articles in weekly magazines: useful media to cancer information to the public? Jap J Clin Oncol 2013, 43(4):426-430 doi: 10.1093/jjco/hy004

第7章　やっぱり図書館へ行こう──レファレンス・サービス

「『シンリン太郎について調べたいんですけど』という相談なら、N市立図書館のレファレンス・カウンターに年に一度はかならず来る」、という書き出しで始まるのは、直木賞作家門井慶喜の小説『おさがしの本は』です。この小説の主人公は、ある地方都市の公共図書館員でレファレンス担当です。この後どのようにして冒頭の質問に回答してゆくのかが描かれています。尋ねてきたのが近所の女子短大国文科の学生さんであったことから、何かの宿題での調べもので「シンリン太郎」は多分「森林太郎」すなわち森鷗外のことではないかと思いつきます。しかし……。

図書館員が主人公の小説や漫画はたくさんあります。しかしレファレンス担当の図書館員が主人公のものは多くはありません。おそらく図書館での「レファレンス」が何なのか知られていないせいではないかと思います。図書館の世界では、一般的にレファレンス・サービスと呼ばれていますが、横文字のカタカナ言葉で意味がよくわかりません。随分以前にアメリカからやってきたサービスで「参考業務」と呼ばれた時もありましたが定着しませんでした。そのままうまい日本語が見当たらずに今でもレファレンス・サービスと呼ばれています。図書館という業界における業界用語の一つです。

そのようによく知られていないサービスですので、利用者からの質問を受ける回数も減る傾向にあります。東京都立図書館は、レファレンス・サービスには力を入れているのですが、その件数を見ると、2018年には8万364件であったものが、2023年のデータでは5万1197件に減っています。[1]大学図書館でも同様な傾向が見られ、2020年まで行われていた文部科学省大学図書館実態調査および情報基盤実態調査の調査項目にある「参考業務」の内「事項調査」の件数は、2003年には35万件近くあったものが、2020年には15万件と半分以下になっています。もちろんその背景にはインターネットの普及とスマートフォンのような手軽な端末が広く利用されるようになって

きたことがあるでしょう。

　ここでは図書館で行っているレファレンス・サービスについて紹介します。

1　レファレンス・サービスとはどのようなサービスなのか

　自分や家族が病気になった時、多くの人はGoogleなどの検索エンジンで、どのような病気なのか、治療にはどのような方法があるのかなどを調べると思います。その時に得られる情報は、玉石混交で、誰が・いつ・何を根拠にして書いたものかを知るのは大変に難しく、そのような雑多な情報を評価して、それは正しい情報なのか、自分に適している情報なのかを見極める「健康情報リテラシー」が必要になってきます。「健康情報リテラシー」を身に付けるには、努力も必要ですし、時間もかかります。何よりも「情報を吟味する」方法を自分で学ぶことは難しいのではないかと思います。

　そのような時にお勧めしたいのは、「専門家に相談する」ことです。専門家といっても、医師などの医療専門家には相談しにくいという現状もあります。医師はいつも忙しそうですし、患者の側には「こんなことを聞いてもいいのか」と尋ねるのをためらう気持ちもあります。本当は医療の専門家へ尋ねるのが一番です。病院には医師の他にも、医療ソーシャルワーカーなどの相談に乗ってくれる専門家もいます。

　そうした医療専門家へ相談した上で、あるいは医療専門家に相談する前にお近くの図書館へ行くことをお勧めします。レファレンス・サービスとは、一言で言うなら「調べもののお手伝い」です。もちろん調べもののお手伝いでしたら、ウィキペディアでもその他のインターネットの辞書でもできます。しかし、図書館におけるレファレンス・サービスの最も大きな特徴は、「情報を求めている個々の利用者に対して図書館員の提供する人的支援である」という点にあります。[2] 人が人に対して行うサービスですから、そこにはコミュニケーションがあります。会話があり、表情やしぐさに表れる気持ちに配慮し、利用者の求めるものを探り出し、適した情報源を示すという一連の時間が流れてゆきます。

　人が人に行う「人的支援」ですから、スマートフォンや最近よく利用さ

れるようになってきている生成 AI による調べものとは異なります。2022 年 11 月末に ChatGPT という生成 AI が登場して瞬く間に世界中へ広がりました。その直後に図書館情報学の研究者である根本彰氏がご自身のブログで「ChatGPT は図書館の敵か?」という問いを投げかけました。³⁾多くの知的労働が AI に置き換わり、図書館員の仕事、特にレファレンス・サービスも AI にとって代わられるのではないか、という問いかけです。このブログで根本氏は、生成 AI は道具であり「図書館員の強みは、AI 的ツールを使って次の段階に進めるというところにある」と述べています。図書館員の立場としては、他の参考資料やインターネット上のデータベースと同じように道具として使う、ということです。2023 年 6 月に山梨県にある山中湖情報創造館では ChatGPT をレファレンス・サービスのツールとして利用する研究と実践をスタートさせます、という構想を発表し、レファレンス・サービスなどに使い始めましたし、⁴⁾7 月には全国の図書館の蔵書を調べられるカーリルというサービスが、蔵書検索サポーターとして ChatGPT を活用する実証実験を開始するというニュースもありました (https://blog.calil.jp/2023/07/chatgpt-2.html)。これらの試みは、生成 AI を図書館が道具として利用する可能性についての検証です。技術的な問題は、あくまでも「技術的な問題」としてありますが、人が人に行うサービスという立ち位置は変わりません。図書館の蔵書を検索する OPAC とか、自動貸出し装置の導入などの技術的な進展は数多く見られますが、人でなければできない図書館のサービスは存在します。

2　レファレンス・サービスでは何を情報源として使うのか

図書館で用意している情報源には、様々なものがあります。大きく分けると

①　紙に印刷されている本、辞書、事典、年鑑、データ集などで、購入しているもの
②　インターネット上の辞書、事典、データ集などですが、一般市民など誰でもが無料で利用できるウィキペディアのような辞書類から、有料で契約している辞書（ジャパンナレッジなど）、文献データベース

など

があります。これらのうち、有料で購入もしくは契約するものを「選ぶ」の
も図書館にとっては大切な仕事です。こうして集めたコレクションを「参考
資料」と呼んでいます。

　図書館の仕事には、カウンターなど利用者の目に見える場所で行う貸出や
返却などのサービスの他に、利用者の目につかない事務室の中で行う仕事
もたくさんあります。そうした裏方の仕事の中でも参考資料を選んで集め
る「蔵書構築」というのも大切な仕事です。蔵書構築は、利用者からの「こ
んな本が欲しい」というリクエスト応えるばかりではなく、図書館の特色を
出すためのコレクションを集めるということもあります。第2章で紹介した、
公共図書館における課題解決型サービスのために、医療・健康情報に関する
本や参考資料を集める、ということも蔵書構築という点から大切な仕事です。
特に医療・健康情報に関する本を選ぶのは大変に難しいので、図書館員は普
段から勉強や経験を積む努力をしています。

　本章の冒頭に紹介しましたように、利用者がカウンターへやってきて「こ
んな情報はありませんか？」と尋ねます。これがレファレンス・サービスの
始まりです。ただ、図書館へ来なくとも質問することができます。以前から
使われていたのが「電話」による質問です。笑い話ではありませんが「今日
図書館やってますか？」という電話での問い合わせが一番多いかもしれませ
ん。他には「手紙」や「ファックス」という質問の方法もありました。も
ちろん今でも受け付けています。新型コロナウイルス感染症の蔓延で図書館
も閉館するとことが多くなり、この間に急速に増えたのが「メール」によ
る質問です。特に大学図書館では「メール」ばかりではなく、オンライン・
チャットと呼ばれるリアルタイムの会話による質問受付と回答のサービスが
広まりました。このように、利用者が質問しやくする工夫もされてきていま
す。

　利用者と図書館員（レファレンス・ライブラリアン）の間で最初に行われ
るのがインタビューです。利用者との会話により、質問の意図や内容を正確
に理解するための時間です。質問の内容には大きく分けて、すぐに回答でき

るものと時間をかけて調べなければならないものとがあります。すぐに回答できる質問としては、「図書館ではこの本や資料をもっていますか？」というような所蔵の問い合わせなどがあります。貸出することができるかどうか、複写（コピー）はできるかどうか、なども合わせて回答することになります。他にも、すぐに調べられるファクト（事実）など、例えば人口などの数字は統計年鑑などの参考資料ですぐに調べられますので、回答には時間がかかりません。ある朝、松ぼっくりを持ってきて、「これは何の松の木のものでしょうか？」と尋ねられたことがありますが、NHK朝の連続テレビ小説の主人公であった植物学者牧野富太郎の「植物図鑑」でしたら、どこの図書館にもありますので、どの松の松ぼっくりであるのかを調べてお返事するのにはそれほど時間がかからないでしょう。現在では、スマホで松ぼっくりの写真を撮ると、どの松のものなのかを調べることのできるアプリもあるようですが、植物図鑑を見ることにより、他の松の松ぼっくりなども見ることができるので、近接する情報を見つけたり（ブラウジング機能といいます）、思わぬ発見をする（セレンディピティといいます）というようなメリットもあります。このように、すぐに答えることのできるものはクイック・レファレンスと呼ばれています。

　これに対して、様々な情報源を調べ、それらの結果をまとめて回答を用意するには数日間の時間を要する場合もあります。一人では手に負えないこともありますので、複数の図書館員が協力して調査を進めることもあります。このような場合には、様々な情報源を調べることになります。辞書や辞典のような本や、インターネットのデータベースなどです。大学図書館では、文献調査とよばれるサービスもあります。これは、ある特定の主題についてこれまでに世界中で発表された論文などを調べて集めるもので、そのために使用されるのが第4章で紹介した文献データベースと呼ばれるものです。この点については、次節で紹介します。

　また、質問の内容から、調査に用いた資料、回答の内容などを詳細に記録し、後日の参考とすることも必要です。場合によっては、質問してきた利用者の感想や反応なども記録することもあるかもしれません。レファレンス・サービスでは、このように記録して蓄積しておくことが非常に大切です。い

つかまた同じような質問が寄せられることもあるからです。もちろん、同じ図書館で働く同僚間での、レファレンス事例の共有も大切です。このような、レファレンス事例の共有を全国的な規模で行っているのが、次々節に紹介する国立国会図書館のレファレンス協同データベースです。

3 文献調査（文献検索）の実際

「文献調査」という言葉は、マスコミなどでよく耳にするようになりました。原子力発電所から出る「核のゴミ」を処理する場所を選ぶための調査で、処分場として立候補した地域の適格性についての調査です。原子力発電環境整備機構のウェブサイトでは「地域別に整備されている地質図などの文献・データ、地質などに関する学術論文などを収集し、それらの情報をもとに、地層の著しい変動（火山・火成活動、断層活動、隆起・侵食などによるもの）がないこと、最終処分を行おうとする地層に有用な鉱物資源がないこと、地下施設の建設が困難となるような強度の弱い地層がないことなど、施設建設地としての不適切な地層状況がないかを確認」する作業であると紹介されています（https://www.numo.or.jp/q_and_a/100089.html）。確かにこの中には「文献（学術論文）」を集めるという項目もあります。しかし、本節で紹介する「文献調査（文献検索）」は、もっと広い意味を持っており、地質学に限らずに様々な専門分野でこれまでにどのような知識が蓄積されてきたのかを、主に学術雑誌に掲載された論文を探して集めることを言います。

ここでは、コラム１で紹介している「診療ガイドライン」作成のための文献検索を例として紹介します。大まかな流れを紹介します。最初に診療ガイドラインの作成を担当する医師などの医療専門家から、「クリニカル・クエスチョン」と呼ばれる質問が出されます。この質問を「主題分析」して検索に使用する「キーワード」を選びます。次に、この主題に適した文献データベースを選び、検索を実行します。その結果の文献リストを、質問された医師に返します。文献リストをチェックした専門家からは、検索キーワードの修正や追加などの要請を受けることも多くあります。このように「質問」と「検索」を繰り返すことにより、より精度の高い文献検索を行ってゆきます。

第 7 章　やっぱり図書館へ行こう──レファレンス・サービス

この中でも、図書館員が最も活躍するのが「主題分析」と「検索キーワードの選定」です。実際の例で紹介したいと思います。

　膵癌診療ガイドライン 2022 年版の中に「膵癌では手術症例数の多い施設で外科的治療を受けることが推奨されるか？」というクリニカル・クエスチョンがあります。これを PICO という方法を用いて主題分析します。P は Patient の略で患者さんの抱えている問題を表します。I は Intervention の略で「介入」という意味です。その患者さんへの治療方法を表します。C は Comparison の略で「比較」という意味です。I で示した治療を行わなかった場合や別の治療方法をとった場合と比較することです。最後の O は Outcome の略で、その結果どうなるか、ということを表していいます。この PICO による主題分析を、このクリニカル・クエスチョンに当てはめてみると

　　P　膵癌の患者
　　I　症例数の多い病院で手術をする
　　C　症例数の少ない病院で手術をする
　　O　膵癌から回復し、日常生活を取り戻せる

というような具合になります。

　次に、この主題ですと医学分野の専門的な文献データベースを検索してみるのがよさそうですので、日本語の医学文献を集めている医中誌 Web を選びます。文献データベースでは、検索に使用するキーワードを特には定めておらず「自由語（フリーターム）」で検索するものも多いのですが（Google Scholar はその良い例です）、同義語を一語で代表して検索できるようにまとめた「統制語（シソーラス）」を決めているものもあります。ここで紹介する医中誌 Web も統制語を定めている文献データベースの一つで、この他には第 4 章で紹介した PubMed などがあります。

　では医中誌 Web で検索するためのキーワードを PICO の P から順番に考えて行きます。まず P は膵臓癌の患者さんで、外科手術を受けようという希望を持っています。膵臓癌は、医中誌 Web では統制語として「膵臓腫瘍」

という語を決めています。この中には、「膵臓癌」、「膵臓がん」、「膵癌」などの同義語も含まれています。つまり検索キーワードを統制することによって、著者がどのような言葉をタイトルなどに使用していても全て「膵臓腫瘍」というキーワードのもとに集められているのです。

膵臓にできたがんには様々な言い方があるが、同義語はすべて「膵臓腫瘍」という用語に統一している（医中誌シソーラスの例）

統制語	膵臓腫瘍	
同義語	膵がん	膵臓新生物
	膵ガン	膵体尾部がん
	膵悪性腫瘍	膵体尾部ガン
	膵癌	膵体尾部癌
	膵腫瘍	膵体部がん
	膵新生物	膵体部ガン
	膵臓がん	膵体部癌
	膵臓ガン	膵頭部がん
	膵臓癌	膵頭部ガン

PICO の I に当たる部分は「膵癌手術の症例数の多い病院での手術」ということですが、手術については「外科的療法」というキーワードが「副標目」という検索語のグループで用意されていますので、この語を用いると良いでしょう。「症例数の多い病院」というのは少し表現が難しいかと思います。人によって様々な言い方があるかもしれません。しかし医中誌 Web では「症例数の多い病院」という統制語が用意されています。その反対の「症例数の少ない病院」という語も用意されています。検索にはこのキーワードを用いることよいでしょう。

最後の PICO の O にあたる部分ですが、学術論文では様々な結果が示されますので、検索キーワードとしては使用しないこともあります。大抵は「この治療法は効果があった」というようなポジティブな結果が示される論文が多いからです。

実際の検索実行は第 3 章で紹介した AND とか OR というような検索演算子を駆使して行います。以下のような検索式です。なお、実際にこの検索を行ったのは医学図書館に勤務する図書館員です。

膵臓腫瘍 AND 外科的療法 AND（症例数の多い病院 OR 症例数の少ない病院）

「膵癌診療ガイドライン2022年版」では、「膵癌では手術例数の多い施設で外科的治療を受けることを提案する」としており、その根拠となった論文として11件の論文が挙げられています。残念ながら日本語の論文はありませんでしたが、英語論文で、症例数の多い病院で手術を受けた患者は術後の死亡率が低く合併症が少ない、入院期間が短いというような報告が紹介されています。

このように、利用者からの質問に対して文献調査（文献検索）の専門家としての図書館員の力が発揮される場面の一つです。

4　レファレンス協同データベース (https://crd.ndl.go.jp/reference/)

レファレンス協同データベースは2003年に国立国会図書館関西館の実験事業としてスタートし、2005年に本格運用を開始しました。ここには全国の図書館（公共図書館や大学図書館など）が参加し、各館でのレファレンス事例を登録し利用に供します。参加の方法には、全国に公開するという参加方法の他に、参加館のみに公開するという方法や自館のみでの利用に限定するという方法もあります。参加館数は2023年3月末現在で907館（公共図書館535館、大学図書館208館、学校図書館73館、専門図書館68館、その他23館）で、毎年20～30館増えています。

レファレンス事例として登録されている件数は、全体で30万件を少し超えるくらいになっています。誰でも自由に見ることのできる一般公開が16万件ほどで全体の53％を占めています。参加館のみに公開しているのが2万件（7％）、自館のみ公開が12万件（40％）という具合です。この中には7％ほどの未解決事例も含まれています。つまり、見事に解決したからみんなに知ってもらおう！　という事例ばかりではなく、こんな難しい質問がきたのだけれど、うちでは解決できなかったので、みなさん知恵を貸してください！　というものです。例えば、「伊橋氏、井橋氏は、太田道灌の家臣で江戸城の会計係だったという話がある。実際、太田家家臣に伊橋氏や井橋氏がいたか知りたい」という利用者からの質問は未解決事例として登録されています。

質問を主題別に見てみると、やはり歴史関係の質問が圧倒的に多く、次いで個人伝記、地理、小説という順になっています。医療・健康分野のレファレンス事例は5000件程ですが、その中でも健康や衛生に関わるテーマが多くなっています。例えば「今後30～50年程度の日本及び海外の推計糖尿病患者数を知りたい」というような質問があり、これには埼玉県立久喜図書館が国際糖尿病連合の統計を紹介し回答しています。

　レファレンス事例の他にも、学校の先生向けとか小学生向けに「調べ方マニュアル」というページも作っています。例えば「感染症とその防御について調べる（先生のための図書館活用ガイド）」といったもので、テーマによってはPDFの資料が付いていたり、パスファインダーと呼ばれるガイドブックが付いていたりします。

　毎年5700万回程利用され、レファレンス・サービス担当の図書館員にとっては手放せない道具となっています。もちろん一般の方も他のウェブサイトと同じように調べものに利用できます。しかし、図書館員にとって大切なのは回答ばかりではなく、回答を導き出した手順や調べた資料が記録されている、ということです。つまり、今後のレファレンス・サービスのために経験を積むことができるのです。このような質問があった時には、こんな資料（情報源）をこんなふうに調べたらいいのだなあ、という経験です。

　このような経験を積んでいる図書館員を利用しない手はありません。

5　レファレンス・ライブラリアンによく似た仕事「リサーチャー」

　テレビのドキュメンタリー番組を見ていると、最後に流れる製作者などのエンドロールの中に「リサーチャー」という人が出てくることがよくあります。このリサーチャーとは一体どのような人なのでしょうか。

NHK　映像の世紀　バタフライエフェクト　のエンドロール

第 7 章　やっぱり図書館へ行こう──レファレンス・サービス

　リサーチャーとは元々「研究者」という意味で、大学や研究機関で研究を
している人たちのことを言います。しかし日本では 1970 〜 80 年代あたり
から、広い意味で「調べる人」というような立場の人をこう呼ぶようになり、
特にマーケットリサーチというような言葉があるように、市場の動向を調査
する職業の人たちをリサーチャーと呼ぶようになりました。そうした中で、
テレビドラマやドキュメンタリー番組では、「ネタ」を探したり「裏を取」っ
たりする人を意味するようになりました。「裏を取る」とは、情報の根拠を
複数の情報源を調べて確認することを言います。特に 1986 年にスタートし
た「世界ふしぎ発見！」というクイズ番組では、ネタ元（情報源）の調査と
確認が重要視され、リサーチャーと呼ばれる担当者が活躍しました。今では
立派な職業として成立しています。

　もちろんリサーチャーのみなさんは大いに図書館を利用しています。しか
し、図書館のレファレンス・ライブラリアンと違うのは、リサーチャーは
質問をする利用者でもあり、答えを見つける図書館員でもある、という点で
す。確かにリサーチャーの後ろには「これに関する確かな情報を集めてくだ
さい」とリクエストする番組のプロデューサーはいるのでしょうが、自分自
身の興味に従って情報を集めプロデューサーへ提案する、ということもある
ようです。

　2024 年 3 月 1 日に国立国会図書館主催で、第 19 回レファレンス協同デー
タベース事業フォーラムが開催され、そのビデオが YouTube で公開されま
した。このフォーラムの冒頭で「"調べる"のポテンシャル──問題解決力
と生産力を手に入れる──」と題した講演を行ったのは喜多あおいさんと
おっしゃる方で、日本におけるリサーチャーの草分けの一人です（https://
www.youtube.com/watch?v=AWb745O2Cc4&t=10s）。国立国会図書館の主催する
レファレンス協同データベース事業のフォーラムで講演をされるのですから、
図書館の世界から見てもリサーチャーという仕事は、その存在や役割が認め
られている証拠です。この講演の中で、喜多氏は普段から心がけているプロ
の 3 原則として、「情報の出典がどんどん変転するので原点を探す（いつ生
まれた情報なのか）」、「複数ソース主義（複数の情報源による確認）」、「アフ
ターイメージ（集めた情報が及ぼす影響を常に考える）」を挙げています。特

に１番目の「出典」と２番目の「複数の情報源」で確認する、というのは
図書館におけるレファレンス・サービスでも同様に大切なことです。

　このように、リサーチャーという仕事が注目されています。図書館のレ
ファレンス・サービスもぜひ知っていただけるようになるといいなあ、と
願っています。

　　　6　レファレンス・サービスでできることとできないこと

　これまで紹介してきたように、調べもののお手伝いをするレファレンス・
サービスでは、質問に対して、辞書・辞典などを用いて回答するなどのサー
ビスを行いますが、その際の情報源の提示（利用者が求めている情報を掲載
している資料やデータベース）や、その情報源が図書館になくてすぐに提示
できない場合の情報源の所在箇所の提示（こんな本がありますよとか、その
本を所蔵している図書館などを紹介するレファレルサービスなど）を行います。
同時に典拠（出典）の明示（書名や、雑誌論文ならその論題や雑誌名、巻号、
掲載ページ、出版年などの書誌データ）も行います。情報内容の確実性を高
めるため、何冊かの辞書を用いるなど複数の情報源を利用することも大切で
す。場合によっては、求められた情報をより深く理解するための情報を付け
加えて提供するなど、いってみれば「余計なお世話」を焼かれることもある
かもしれません。調べものの目的や本当に知りたいことを図書館員には知ら
れたくない利用者もいますので、ざっくりとした質問をする、でもいいかと
思います。そんな時には、余計なお世話は案外役に立つかもしれません。病
気のことを調べたいときには、「胃がん」の治療法について知りたい、とい
う直接的な質問ではなく、「おなかの病気」など直接的ではない言葉に置き
換えて質問することもあるかと思います。そのような場合には、病名などを
伝える必要はありません。図書館員は消化器系の病気の本が並んでいる書架
を教えてくれると思います。さらに詳しく知りたいときには、再度図書館員
に尋ねればよいのです。

　レファレンス・サービスではできないこともあります。答えてはいけない
制限事項です。医療・健康情報に関しては、医療法という法律で医療行為を

146

第7章　やっぱり図書館へ行こう──レファレンス・サービス

行えるのは医師に限られますので、例え「糖尿病は治りますか？」と質問されても「食事と運動で治りますよ」などと答えることはできません。この場合には書架に並んでいる本などを案内するに止めることになります。書架には様々な本が並んでいますので、その中から利用者自身に選んでいただくわけです。

　法律に関する相談にも乗れません。そのような場合には、自治体で設けている相談窓口を紹介することになります。その他の、専門家が行うような相談ごとも、しかるべき窓口を紹介します。病院でしたら、患者相談室やがんの相談のできる部署を設けている病院もあります。身の上相談も同様です。もっとも、病院にある患者図書館では、患者さんのお話を聞く（傾聴する）ことも大きな役割ですので、相づちを打ちながらお話を聞くという場面もあるでしょう。小・中学生、場合によっては高校生の「宿題」にも答えません。この場合には、答えを探す方法をアドバイスします。「化石について調べたいのなら、まずここにある百科事典を調べて、それからこの辺の書架にある本を見てみるといいよ！」、というような具合です。大学生のレポートもそうです。本章の最初に紹介した「シンリン太郎」も、大学生が相手ですので、どのようにして調べるのかを知っていただくのが大切です。もしかしたら、「調べもの」に興味を持ち、将来図書館員かリサーチャーになりたい、という夢を持ってもらえるかもしれません。

　図書館の入口近くの目立つ場所に、「図書館で提供するものは、情報の一部であり、必ずしも利用者の求めるものに適合するとは限りません」という一文を掲げている図書館もあります。免責事項といいます。特に病気に関わるような情報では、図書館で誤った情報源から誤った情報を知り、医療訴訟へ発展してゆく可能性もあります。そのような場合、「図書館で調べた」というのは、あくまでも自己責任であって図書館の責任にはなりません。特に病気の治療法については、このようなことも起こりえます。「図書館で読んだ本に、この薬が効くと書いてあったけど、どうして私には処方してくれないのですか？」と医師にクレームするような場合です。

　図書館ではプライバシーへの配慮もしています。有名な話ですが、スタジオジブリのアニメ映画『耳をすませば』は、主人公の2人はいつも図書館

147

で同じ本を借りるので、いつしか親しみを覚えるようになり、というストーリーです。これは、本の後ろには貸出カードというカードが挟まっており、借りた人は自分の名前や借りた日付などを書くようになっていたために、この本はこれまで誰に借りられていたのかがわかってしまう、ということがあったからです。しかしこれは大昔の話です。現在は、図書館の貸し出し記録は残さないようにしています。ある本を、どこの誰がこれまで借りたのかはわからないのです。例え警察に聞かれても、答えることはできないのです。同様に、レファレンス・サービスでは、質問の内容や回答方法、回答内容は記録しますが、質問をした人については記録しません。もちろん後日連絡をする必要がある場合には、メモに書いてもらったり図書館の利用者登録の記録から連絡先を知ることができる場合もあります。近年、公共図書館では利用者登録の際にも、性別をはじめとして個人情報のようなものはあまり記録しないようになっていますので、別途連絡先を記録しておく必要がありますが、後日廃棄されることになります。学校や大学は、学生の身分登録がしっかりとなされていますので、必要があれば、学生課などに問い合わせることもできます。

　最後に「ニューヨーク公共図書館　エクス・リブリス」という映画を紹介します。ニューヨークにある公共図書館のドキュメンタリー映画なのですが、3時間半といささか長いので、一度に見るのは大変です。解説の一切ないドキュメンタリーなのですが、臨場感にあふれています。中にレファレンス・サービスの場面もあります。一つは最初に出てくる電話でのレファレンス・サービスです。ベテランの図書館員が、その場で調べられる資料を使ててきぱきと答えてゆきます。おそらく子どもからの質問なのでしょうが、「ユニコーンは実在しない動物です」と説明し、続けて1225年にある僧侶によってこんなふうに書かれていますよ、と情報源からの紹介もしています。スペイン語の質問電話がかかってきた時には、「スペイン語のわかる人に交代します」と言って交代します。

　もう一つの場面は、レファレンス・カウンターでの例です。自分の祖先のことを調べたいとやって来た利用者に、「国勢調査では移民や帰化について

調べられますよ」と回答し、他にもあれを調べてみたら、とか、これを調べてみたらどうですか、と懇切丁寧に回答しています。移民の国であるアメリカでは、自分の出自についての問い合わせは多いのかもしれません。この映画はDVDも発売されていますし、お近くの公共図書館で借りることができるかもしれません。いくつかの動画配信サイトでもご覧いただくことができるようです。レファレンス・サービスばかりではなく、図書館のことを知っていただくには、お勧めしたいドキュメンタリー映画です。

〈引用文献〉

1)　東京都立図書館事業概要（https://www.library.metro.tokyo.lg.jp/guide/about_us/report/）

2)　サミュエル・ロースステイン著、長沢雅男監訳『レファレンスサービスの発展』p.13（日本図書館協会、1979）

3)　根本彰「ChatGPTは図書館の敵か？」ブログ「おだメモリー」2022年2月13日の投稿（https://oda-senin.blogspot.com/2023/02/chatgpt.html）

4)　丸山高弘「公共図書館におけるAI技術の活用と展望」『情報の科学と技術』2024、74巻8号、p.310-314

5)　高橋直子『テレビリサーチャーという仕事』（青弓社、2020）

おわりに
図書館員の専門性を確立するための利用者の力

　本書では、患者や家族、市民にとって、医療・健康情報を手に入れるには図書館は意外と使える場所だということを紹介してきました。使える図書館としては、近くの公共図書館ばかりではなく、学術的な情報を多く持っている大学図書館や病院にある（かもしれない）患者図書室などがあります。もちろん医師と良い関係をつくり、自分や家族の病気について、ていねいに説明してもらうのが一番なのですが、図書館にはレファレンス・サービスという調べ物のお手伝いをするサービスがあります。問題を解決するために、正確で信頼のおける役に立つ情報を一緒に探しましょう、というサービスです。

　図書館で利用者に満足してもらえるようなレファレンス・サービスを行うためには、図書館員の側に専門的な知識と経験が必要です。しかし、残念ながら実際には、日本の多くの図書館には「レファレンス・ライブラリアン」と呼ばれる人がいません。少し古いデータなのですが、国立国会図書館が 2013 年に行った大学図書館、公共図書館、専門図書館など 5258 館を対象とした調査では、レファレンス・サービスという独立した部門のない図書館が 92.7%、専任のレファレンス・ライブラリアンのいる図書館が 44.1% という結果でした（「図書館調査レポート」No.14 http://dl.ndl.go.jp/info:ndljp/pid/8173850）。つまり、ほとんどの図書館では貸出カウンターで本の貸出をする図書館員が利用者の質問に答える、というのが現状ではないかと思います。なぜそのような状況になっているのか、あるいはなってしまったのか、という点については、いくつかの理由を挙げることができます。

　その大きな理由の一つが図書館員の身分の問題です。世間でよくいわれる「非正規雇用」スタッフの増加です。

　ここ 20 年程の間、図書館の数は増えていますが職員の数は減少を続けています。次ページのグラフに見られるとおりです。

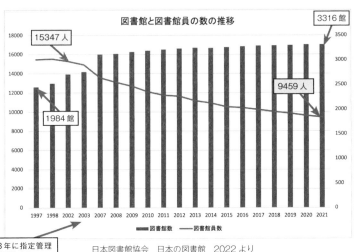

日本図書館協会　日本の図書館　2022 より
https://www.jla.or.jp/library/statistics/tabid/94/default.aspx

　このような図書館員数の減少を招いた理由の一つに、2003年の地方自治法の改正により、指定管理制度が導入されたことが挙げられます。これは、自治体の施設管理などの業務を民間業者へ委託する、というものです。図書館業務の委託には、「民間のアイディアを活かす」というポジティブな面もあります。業務委託業者は3年から5年ごとに契約が更新されますが、基本的には競争入札にかけられ委託費の安い業者へ委託されることも多いかと思われます。その結果、身分が安定しないとか人件費などの経費が十分に用意できないというような状況に陥る可能性もあります。日本図書館協会の調査では、2021年の公共図書館で働く人の構成は、正規職員が9459人（22.7%）であるのに対して、非常勤または臨時職員が17698人（42.5%）、委託もしくは派遣職員が14517人（34.8%）となっています（日本図書館協会　日本の図書館統計2022年）。大学図書館でも同様で、大学医学部図書館の多くが加盟している日本医学図書館協会の調査でも、正規職員457人（48%）、非正規職員203.8人（22%）、パート職員281.5人（30%）と正規職員の数は半分を割っています（日本医学図書館協会　94次加盟館統計　2022年度）。

　充実したレファレンス・サービスを行うための専門性を身に付けるためには日ごろからの勉強が大切です。しかし、勉強は自分でするもので、公の経費を使ってするものではない、という考え方があり、研究会や学会などへの参加も、休暇を取って自費で参加することも多いのです。また、図書館内で

の職員研修も十分に行われてはいないのが現状です。

　しかし、図書館員の多くは図書館員という仕事が好きで誇りも持っています。例え非正規雇用で給料が安くとも、いつ契約が解除されたり更新されなくなるのかわからないという現状でも、図書館の仕事が好きなのです。私は近畿大学通信教育部で司書資格取得を目指す学生の対面授業（スクーリング授業）を担当していますが、そこで司書資格を目指しているのは社会人のみなさんです。子育てを終えたり、定年を前にして第二の人生を考えた時に、図書館で仕事をしたい、という方が勉強をしています。もちろん正規の職員として図書館で仕事をすることは大変に難しいので、非常勤やパートでもいい、それでも図書館で仕事をしたい、という方たちなのです。そうした状況を「生きがいの搾取」という言葉で表現されることもあります。

　こうした状況を改善するための一つの方法は、「利用者の力」であると私は思います。利用者が図書館のカウンターで「こんなことを知りたいのですが」と尋ねると、出来るだけ応えようとするのが図書館員ですので、こうした需要が高まるとそれに応える仕組みを作る必要が生じます。図書館の専門的なサービスの充実のために、外からの力に頼らなければならないのは本当に残念なのですが、これが現実に近いのかもしれません。言葉を変えるなら「利用者が図書館をつくる」ということになります。図書館の側もその要望に応えるために様々な努力をしなければなりません。利用者と図書館のパートナーシップということになるかと思います。

　医療・健康情報を適切に提供するためにも同じことが言えます。図書館員が情報リテラシーを身につけると同時に、利用者の情報ニーズを捉えて情報を提供できる環境を整えておく、ということです。こうした利用者と図書館の相互作用が、図書館のサービスを充実させてゆくことになります。

　引用文献欄に記載してある URL は、2024 年 7 月 31 日〜8 月 3 日にかけて確認しています。

　本書は、ウェブジャーナルである「地域医療ジャーナル」に連載した記事を元に、大幅に加筆・修正したものです。執筆にあたっては多くの方にお世話になりました。深く感謝いたします。

2024 年 7 月

付録　おすすめ医療・健康情報サイト（東京版）

大分類	小分類	QR コード	ウェブサイト名称
QZ 病理学	200 腫瘍、嚢胞（一般）		がん情報サービス
QZ 病理学	200 腫瘍、嚢胞（一般）		がん情報ナビ
QZ 病理学	200 腫瘍、嚢胞（一般）		キャンサーネットジャパン
QZ 病理学	200 腫瘍、嚢胞（一般）		がんの補完代替医療ガイドブック 第3版（PDF ファイル）
QZ 病理学	200 腫瘍、嚢胞（一般）		東京都がんポータルサイト
WA 公衆衛生	695 食品の安全性		「健康食品」の安全性・有効性情報（一般向け）

学協会、東京都等を中心に集めました。
（「JLA 健康情報委員会研修資料（2023）として配布」したもの 2024 年 5 月に改訂）

提供者	内容
国立がん研究センター がん対策情報センター	それぞれのがんの解説、生活・療養についての情報、がん相談の案内、がん拠点病院等。音声による資料も充実している。
静岡県立静岡がんセンター	がんに関連する様々な悩みごとの体験談と助言を検索したり、情報を得たりすることができます。
キャンサーネットジャパン	キャンサーネットジャパンのミッション（使命）は「がん患者が本人の意思に基づき、治療に臨むことができるよう、患者擁護の立場から、科学的根拠に基づくあらゆる情報発信を行うことです」。がんの種類別の情報、イベント情報など。
編集：厚生労働省がん研究助成金「がんの代替医療の科学的検証と臨床応用に関する研究」班 独立行政法人国立がん研究センターがん研究開発費「がんの代替医療の科学的検証に関する研究」班	補完代替医療ってなに？　補完代替医療に対する心構え、補完代替医療を利用する前に確認すべきこと、補完代替医療を利用する前に確認すべきこと、がんの医療現場における補完代替医療の実態と問題点、補完代替医療の科学的検証、補完代替医療の最新情報（健康食品・サプリメント、プロバイオティクス、アロマセラピー、漢方薬、鍼灸、運動）。
東京都保健医療局	がんについて知る・調べる、病院を探す、がんと向き合う・相談する、治療・療養に役立つ情報、お役立ち情報、がんを予防する・検診を受ける、ほか。
国立研究開発法人 医薬基盤・健康・栄養研究所	このサイトは、 1) 食品・食品成分に関する正しい情報の提供 2) 健全な食生活の推進 3)「健康食品」が関連した健康被害の防止 の 3 つを主な目的として運営されています。 "素材情報データベース"は、「健康食品」に添加されている素材について、現時点で得られている科学的根拠のある有効性の情報に関して、科学論文の内容を忠実に集めたもの。

大分類	小分類	QRコード	ウェブサイト名称
WB 臨床医学	難病		東京都難病相談・支援センター
WB 臨床医学	890 補完医療		「統合医療」に係る情報発信等推進事業 eJIM
WC 伝染病			感染症情報
WD300 免疫疾患と膠原病、過敏症	WD アレルギー		アレルギーポータル
WD300 免疫疾患と膠原病、過敏症	WD アレルギー		東京都アレルギー情報navi.
WD600 物理的外因による疾患と損傷	610 熱ばて、日射病		環境省熱中症予防情報サイト

付録　おすすめ医療・健康情報サイト（東京版）

提供者	内容
東京都保健医療局	東京都難病相談・支援センターの概要、療養相談、就労相談、ピア相談、日常生活用具の展示、難病医療相談会、難病医療講演会、難病患者・家族の交流会 ほか。
厚生労働省	「統合医療（いわゆる民間療法)」とは？　情報の見極め方、冊子・資料、ほか。
厚生労働省	感染症情報、感染症発生動向調査、薬剤耐性（AMR）対策、海外での感染症予防、災害時における感染症対策、感染症対策、感染症に関わる指針、予防接種情報、届出申請関係情報 ほか。
日本アレルギー協会	厚生労働省の補助事業として一般社団法人日本アレルギー学会が運営するサイト。国民にアレルギー疾患に関する適切な情報が届けることを目的としている。 アレルギーについて、よくある質問、医療機関情報、アレルギーの本棚、災害時の対応、日本の取り組み、研修・講習会・eラーニング、都道府県のサイト ほか。 「アレルギーについて」の中に各疾患情報あり。小児のぜん息、成人のぜん息、アトピー性皮膚炎、アレルギー性鼻炎、花粉症、アレルギー性結膜炎、食物アレルギー、重症薬疹、接触皮膚炎、蕁麻疹（じんましん）、ラテックスアレルギー、アナフィラキシー、職業性アレルギー疾患。
東京都保健医療局	食物アレルギー、小児のぜん息、成人のぜん息、アトピー性皮膚炎、アレルギー性鼻炎・アレルギー性結膜炎・花粉症。
環境省	全国の暑さ指数、熱中症警戒アラート、暑さ指数について、熱中症対策、普及啓発資料 ほか。

大分類	小分類	QR コード	ウェブサイト名称
WE 筋骨格系			整形外科パンフレット
WF 呼吸器系			呼吸器の病気
WG 心臓血管系			循環器病について知る
WG 心臓血管系	550 動脈硬化症		一般の皆さまへ 健康な生活のために
WH 血液系とリンパ系			日本血液学会 一般のみなさま
WI 消化器系			患者さんと ご家族のためのガイド
WI 消化器系	700 肝臓と胆道		肝臓病の理解のために

付録　おすすめ医療・健康情報サイト（東京版）

提供者	内容
日本整形外科学会	骨粗鬆症、腰椎椎間板ヘルニア、変形性膝関節症、肩こり、五十肩（肩関節周囲炎）、頚椎椎間板ヘルニア、痛風、腰部脊柱管狭窄症、関節リウマチ、変形性股関節症、半月〔板〕損傷、頚椎症。
日本呼吸器学会	感染性呼吸器疾患、気道閉塞性疾患、アレルギー性肺疾患、間質性肺疾患、腫瘍性肺疾患、肺血管性病変、胸膜疾患、呼吸不全、その他。
国立循環器病研究センター・病院	病気について（不整脈、虚血性心疾患、心臓弁膜症、大動脈瘤と大動脈解離、下肢静脈瘤、閉塞性動脈硬化症、肺高血圧症、心不全ほか）、こんなときどうする？ 各種教育入院・高度循環器ドック、栄養・食事について、お薬について。
日本動脈硬化学会	生活習慣病とは？ 動脈硬化性疾患とは？ 健康診断で異常と言われたら？ 動脈硬化性疾患の発症を予防するためには？ 動脈硬化性疾患発症予測ツール これりすくん、コレステロール摂取に関するQ&A、家族性高コレステロール血症（FH）とは？ 動脈硬化専門医 専門医名簿、The Japan Diet 食生活を見直しましょう。
日本血液学会	日本血液学会認定専門医を検索、患者会情報ほか。
日本消化器病学会	患者さんとご家族向け消化器病のガイド。胃食道逆流症（GERD）ガイド、消化性潰瘍ガイド、炎症性腸疾患（IBD）ガイド、肝硬変ガイド、胆石症ガイド、慢性膵炎ガイド、機能性ディスペプシア（FD）ガイド、過敏性腸症候群（IBS）ガイド、大腸ポリープガイド、NAFLD/NASHガイドがある。
日本肝臓学会	肝臓病の理解のために 2020年度版。慢性肝炎・肝硬変、B型肝炎、C型肝炎、ウイルス以外による肝臓病、肝がん。

大分類	小分類	QR コード	ウェブサイト名称
WJ 泌尿生殖器系			日本泌尿器科学会 一般のみなさまへ
WJ 泌尿生殖器系	300 腎臓疾患		一般の方へ：腎臓の病気について調べる
WK 内分泌系			日本内分泌学会 一般の皆さまへ
WK 内分泌系	810 糖尿病		公益財団法人日本糖尿病協会
WL 神経系			Neuroinfo Japan 脳神経外科疾患情報ページ
WL 神経系			神経内科の主な病気

付録　おすすめ医療・健康情報サイト（東京版）

提供者	内容
日本泌尿器科学会	こんな症状があったら：副腎腫瘍で手術を勧められた、末期腎不全と言われた、尿に血が混じる。「血尿」を指摘された。尿が近い、尿の回数が多い〜頻尿〜、夜間、何度も排尿で起きる、尿が漏れる・尿失禁がある、何かが下がってきた、尿が出にくい、尿の勢いが弱い、尿をするのに時間がかかる、尿がまったく出ない、尿が残っている感じがある、排尿痛がある、排尿時に痛い、PSA が高いと言われた、「おねしょ」（夜尿症）が治らない、子供の精巣が降りていないと言われた、睾丸（精巣）が腫れてきた・陰嚢（内容）が大きくなってきた、陰嚢内が痛い、腎臓のあたりが痛む、パートナーがなかなか妊娠しない、勃起力が低下した、尿道口から膿が出る、排尿症状を伴う発熱がある、精液が赤くなった・精液に血が混じる。
日本腎臓学会	腎臓の病気について調べる、腎機能のチェック、腎臓病とは？ 腎臓専門医名簿、学術集会など。
日本内分泌学会	一般の皆様へ、内分泌代謝について、ホルモンについて、内分泌の病気、市民講座のご案内。
公益社団法人日本糖尿病協会	はじめての方へ（糖尿病情報ほか）、患者さんへ（インスリン Q&A ほか）、医療スタッフの方へ、友の会情報、イベント情報など。
日本脳神経外科学会広報委員会および日本脳神経外科コングレス	脳血管障害、脳腫瘍、頭部外傷、脊髄疾患、機能性疾患、小児脳神経外科疾患についての説明。
日本神経学会	脳神経内科とは？ 症状編（けいれん、頭痛、身体の脱力、ろれつが回らない、見にくい など）、疾患・用語編（てんかん、頭痛、脳卒中、認知症、パーキンソン病 など）、リハビリテーション、検査、スポーツ神経学。

161

大分類	小分類	QR コード	ウェブサイト名称
WL 神経系	356 脳虚血.脳卒中		日本脳卒中協会
WM 精神医学			知ることからはじめよう こころの情報サイト
WO 外科学	200 外科麻酔		公益財団法人日本麻酔科学会 一般の皆様へ
WO 外科学	600 形成外科		一般社団法人日本形成外科学会 一般の方へ
WO 外科学	925 小児外科学		小児外科で治療する病気
WP 婦人科学			日本産科婦人科学会 一般の皆様へ
WP 婦人科学			女性の健康推進室 ヘルスケアラボ

付録　おすすめ医療・健康情報サイト（東京版）

提供者	内容
日本脳卒中協会	動画で学ぶ脳卒中、WEB脳卒中市民公開講座、脳卒中予防十か条、災害・震災後の脳卒中予防を！ 脳卒中の主な症状、脳卒中に対応する医療機関や施設、脳卒中体験記、脳卒中なんでも相談 ほか。
国立精神・神経医療研究センター 精神保健研究所	こころの健康のために、こころの病気を知る（依存症、うつ病、強迫性障害、摂食障害、双極性障害〔躁うつ病〕、てんかん、統合失調症、認知症、パーソナリティ障害、発達障害〔神経発達症〕、不安症、PTSD、不眠症〔睡眠障害〕）、治療や生活へのサポート（相談しあう・支えあう、こころの病気への助成、精神科の入院について、障害福祉サービス、障害者手帳・障害年金）、国の取り組み。
公益財団法人日本麻酔科学会	日本麻酔科学会について、認定病院検索、麻酔科医の役割、麻酔を受けられる方へ、集中治療を受けられる方へ、痛みに悩んでおられる方へ、緩和医療を受けられる方へ、よくある術前合併症、講習会・セミナー、麻酔博物館、麻酔科に関わる相談窓口 ほか。
一般社団法人日本形成外科学会	市民公開講座、マスメディアの記事、形成外科で扱う疾患（けが・きずあと、生まれつきの病気、腫瘍、美容外科 など）、形成外科／形成外科医とは、健康保険・育成医療 ほか
一般社団法人 日本小児外科学会	小児外科で治療する約70の病気についての解説を、病名、身体の部位・臓器から探すことができる。
日本産科婦人科学会	産科の病気（前置胎盤、妊娠糖尿病、流産・切迫流産、早産・切迫早産、妊娠高血圧症候群）、婦人科の病気（不正出血、子宮筋腫、子宮内膜症、子宮頸がん、子宮体がん、卵巣腫瘍）、女性の月経周期やライフステージに関する病気（月経前症候群、更年期障害）、不妊症、HUMAN+: 女と男のディクショナリー、PGT関連、専門医をさがす、公開情報（子宮頸がんとHPVワクチン、生理の貧困）ほか。
厚生労働省研究班	ライフステージ別女性の健康ガイド、女性検診とワクチン、女性のがんほか、様々な情報がある。また女性の病気セルフチェック、BMI測定などをぜひ試してみてほしいサイト。

163

大分類	小分類	QR コード	ウェブサイト名称
WP 婦人科学			# 女子けんこう部
WP 婦人科学	570 不妊症		妊娠支援ポータルサイト東京都妊活課
WR 皮膚科学			市民の皆様へ：皮膚科 Q&A
WS 小児科学			こどもの救急
WS 小児科学			東京都こども医療ガイド
WT 老年医学、慢性疾患	WT 100 老年医学		健康長寿ネット

付録　おすすめ医療・健康情報サイト（東京版）

提供者	内容
東京都保健医療局	大切な、わたしのからだ。チェックしよう。ケアしよう。子宮頸がん、乳がん、大腸がん、お酒、食生活、こころの健康、喫煙、その他の健康関連情報。
東京都福祉局	妊娠のために知っておきたい知識、子供ができにくいかも？と思ったら、"不育症"をご存知ですか、その他のコンテンツ。
日本皮膚科学会	どんな病気？ 治療法は？ 専門家が皆さんの疑問にお答えします。アザとホクロ、汗の病気、アテローム（粉瘤）、アトピー性皮膚炎、イボとミズイボ・ウオノメとタコ、疥癬（かいせん）、かぶれ、乾癬、魚鱗癬（ぎょりんせん）、血管炎・紫斑病、ケミカルピーリング、ケロイド、膠原病と類縁疾患、子供のウィルス感染症、掌蹠膿疱症（しょうせきのうほうしょう）、蕁麻疹（じんましん）、性感染症（Sexually transmitted infections：STI）、先天性光線過敏症、脱毛症、爪の病気、天疱瘡、とこずれ（褥瘡（じょくそう））、とびひ、ニキビ、白癬（水虫・たむしなど）、白斑、皮膚科領域の薬の使い方、皮膚リンパ腫、日焼け、表皮水疱症、ヘルペスと帯状疱疹、母斑症（ぼはんしょう）、虫さされ虫（マダニ類）による予期せぬ感染症、メラノーマ（ほくろのがん）、メラノーマ以外の皮膚悪性腫瘍、薬疹（重症）、やけど、痒疹・かゆみ、類天疱瘡（水疱症）。
日本小児科学会	症状から夜間、休日などの診療時間外に病院を受診するかどうかの判断の目安を提供。生後1カ月～6歳までの子どもが対象。
東京都福祉保健局	こんな症状の時は、こんな病気のときは、病気やケガの対処のしかた、相談窓口ほか。
長寿科学振興財団	健康長寿とは？ 高齢者の病気、高齢者を支える制度とサービスほか。

165

大分類	小分類	QR コード	ウェブサイト名称
WT 老年医学、慢性疾患	WT155 老年認知症. アルツハイマー病		とうきょう認知症ナビ
WU 歯科学、口腔外科学			歯とお口のホームページ 日本歯科医師会
WV 耳鼻咽喉科学			日本耳鼻咽喉科・頭頸部外科学会 一般の皆さんへ
WW 眼科学			目の病気
病院・医院や医師の情報			医療情報ネット（ナビイ）

※分類項目はアメリカ国立医学図書館分類法による。
（https://classification.nlm.nih.gov/outline）

付録　おすすめ医療・健康情報サイト（東京版）

提供者	内容
東京都福祉局	認知症について「知る・調べる」、「研修・講座」、「相談する」。
日本歯科医師会	歯と口について楽しく知るためのコンテンツが収載されている。全国の歯医者さん検索、テーマパーク8020、日歯8020（ハチマルニイマル）テレビ、歯のみがき方を探そう！よ坊さん ほか。
日本耳鼻咽喉科・頭頸部外科学会	耳鼻咽喉科・頭頸部外科が扱う代表的な病気、子どものみみ・はな・のどの病気、難聴、鼻の病気、専門医・相談医ってなに？ ほか。
日本眼科学会	約50の目の病気について、病名や症状から調べることができる。麦粒腫、霰粒腫、結膜炎、白内障、糖尿病網膜症、網膜剥離、加齢黄斑変性症、網膜色素変性症、緑内障、近視・遠視・乱視、老視、屈折矯正手術、ドライアイ、コンタクトレンズ障害、子供の斜視、眼精疲労、飛蚊症 など。
厚生労働省	全国の病院、診療所、歯科診療所、助産所および薬局の検索ができる。英語、簡体中文、繁體中文、ハングルあり。

167

索引

アドバンス・ケア・プランニング　18-19
アメリカ国立医学図書館　95, 124-125
インフォームド・コンセント　9, 12-14, 47-49
エコー・チェンバー　69, 129
エビデンス・ベースト・メディシン　15, 43
オープンアクセス　85-86, 90, 92, 94-95, 97, 98
科学技術振興機構　94
学術雑誌　85, 91, 93-94, 100, 104, 108, 140
課題解決型サービス　40, 45, 138
かちもない　26
患者の価値観　15-16
患者の権利章典　12, 48
患者の知る権利　12-13, 47-48
がん情報ギフト　32
がん情報サービス　31, 79, 111
がん対策基本法　31-32, 40,111
がん対策情報センター　31, 40, 111
コクラン・ライブラリー　108
ささえあい医療人権センター　49, 127
シェアード・デシジョン・メイキング　9, 14-16, 47-49, 53, 108
シソーラス　141
自由語　141
主題分析　140-141
消費者健康情報サービス　12, 46, 48, 123
情報の非対称性　10-11, 37
人生会議　18-19
診療ガイドライン　15, 44-45, 64-66, 140
セカンド・オピニオン　14
セレンディピティ　139

全国患者図書サービス連絡会　52
大学図書館の公開　55
地域包括ケア　40, 53
著作権法　60-61
治療におけるパートナーシップ　48
統制語　141-142
東邦大学・医中誌診療ガイドライン情報データベース　45, 66
読書療法　48
図書館の自由に関する宣言　42
ナビイ　32
日本医学図書館協会　44-46, 128-129
日本医療機能評価機構　45, 50, 64
日本図書館協会　40, 42, 45-46, 54
病院機能評価　50-51
フィルター・バブル　69-70, 129
父権主義　9-11, 48, 64
ブラウジング機能　139
フリーターム　141
メディアドクター指標　27
めりーらいん　62
論文審査　85, 91
論理演算子　80-82

COML　15, 49, 127
EBM　15, 17, 43, 107
ESCAPE　26
Minds　45, 64, 66
NACSIS/CAT　58
NACSIS/ILL　58
NLM　95, 123-124

168

著者プロフィール

山口直比古（やまぐち・なおひこ）

1950年北海道生まれ。図書館短期大学図書館学科を卒業。大阪大学附属図書館中之島分館（医学部図書館）、旭川医科大学附属図書館、浜松医科大学附属図書館、東邦大学医学部図書館（後に東邦大学医学メディアセンター）を歴任。退職後、現在は聖隷佐倉市民病院図書室勤務。近畿大学通信教育部（司書課程）非常勤講師。

著作『Index Medicus から PubMed まで――医学文献索引の発展』（日本医学図書館協会、2022年）。
共著『PICO から始める医学文献検索のすすめ』（南江堂、2019年）など。
論文記事「患者図書サービスの振り返り――患者と情報」（『全国患者図書サービス連絡会会報』2019年）、「医療情報を市民へ伝える――ヘルスコミュニケーションの役割」（『全国患者図書サービス連絡会会報』2014年）、「患者図書室における情報提供――患者・医師間における情報の非対称性緩和のために」（『医療安全』2009年）、「一般市民の医学・医療情報需要調査」（『医学図書館』2002年）、「患者及び家族の情報需要調査」（『医学図書館』2001年）など。

患者のための図書館学
医療・健康情報リテラシーを鍛える

2024年8月31日 初版第1刷発行

- ■著者　　　山口直比古
- ■発行者　　塚田敬幸
- ■発行所　　えにし書房株式会社
　　　　　　〒102-0074　東京都千代田区九段南1-5-6　りそな九段ビル5F
　　　　　　TEL 03-4520-6930　FAX 4520-6931
　　　　　　ウェブサイト　http://www.enishishobo.co.jp
　　　　　　E-mail info@enishishobo.co.jp

- ■印刷／製本　株式会社 厚徳社
- ■装幀　　　　大町駿介
- ■DTP　　　　板垣由佳

© 2024　Yamaguchi Naohiko　ISBN978-4-86722-131-0 C0004

定価はカバーに表示してあります
乱丁・落丁本はお取り替えいたします。
本書の一部あるいは全部を無断で複写・複製（コピー・スキャン・デジタル化等）・転載することは、法律で認められた場合を除き、固く禁じられています。

えにし書房の好評既刊本

ISBN978-4-908073-64-9 C0036

日本の腎移植はどう変わったか
60年代から修復腎移植再開まで

高橋幸春 著

定価：1,800円＋税／四六判／並製

腎不全がほぼ死を意味した時代を経て、腎移植の道を切り開いてきた元日本移植学会副理事・大島伸一を中心とした医師らの時代から、和田移植の波紋、東海腎バンク、臓器移植ネットワーク、臓器移植法、修復腎移植バッシング、渡航移植事情など、日本の腎移植と移植を巡る社会の変容を、綿密な取材で丁寧にたどり、多くの問題点を浮かび上がらせる傑作ルポ。（2019.3）

移植医 万波誠の真実
閉ざされた修復腎移植への道

麻野 涼 著

定価：1,800円＋税／四六判／並製

万波誠医師追悼──「悪魔の医師」とまでバッシングされた移植医の真実の姿を追ったノンフィクション・ノベル。無脳症児からの腎臓移植を実行した大島伸一と「修復腎（病腎）移植」に行き着いた万波誠。激しく対立した2人の開拓者の足跡をたどり、日本の腎臓移植黎明期から現在までを描く。患者に寄り添い、病気を治そうと思うがゆえの腎臓移植はなぜ阻まれるのか？
（2024.4）

ISBN978-4-86722-128-0 C0036